Jüdische Stimmen aus Offenburg

Band 2

Das Buch

Fortsetzung der Dokumentation der jüdischen Personen- und
Familiengeschichte der mittelbadischen Stadt Offenburg in den
Jahren 1933–1945: Band 1 erschien 1995 im Schwarzwaldverlag
Offenburg. Beide Bände beinhalten, zusammen mit den
Familienbiographien Neu, Schnurmann, Cohn (sh. Literatur) die der-
zeit bekannten Dokumente zur Geschichte der Offenburger Juden in
den Jahren zwischen 1933 und 1945

Der Autor

Dr. Martin Ruch, geb. 1950 in Offenburg, selbstständiger
Kulturwissenschaftler (www.kulturagentur.de)
Bücher, Aufsätze, Ausstellungen und Vorträge zur Geschichte der
Offenburger Juden (www.jakob-adler-zentrum-offenburg.de

MARTIN RUCH

„Ich bitte noch um ein paar Sterne…"

Jüdische Stimmen aus Offenburg,
Band 2

KulturAgentur.de

Offenburg, November 2002
© KulturAgentur, Dr. Martin Ruch, Offenburg
Gestaltung: Karoline Keune-Ruch
Herstellung: Books on Demand GmbH
Printed in Germany ISBN 3 - 8311 - 4476 - 1

INHALT

IN MEMORIAM DR. MED. HERTHA WIEGAND

Wer ist Jude? Was ist Judentum? Religion, Volkszugehörigkeit, Zionismus, ein Kulturkreis? Nur die Nationalsozialisten behaupteten mit menschenverachtendem Zynismus, es genau zu wissen – manifestiert in den Nürnberger Gesetzen von 1935. Wenig wissen wir über das Schicksal konvertierter Juden, so gut wie nichts über die konfessionslos gebliebenen. Deshalb bin ich dankbar, daß ich an dieser Stelle an meine konfessionslose Mutter Dr. med. Hertha Wiegand, geb. Lion, (6.7.1890 – 12.1.1944) erinnern kann. Wer war diese Offenburger Ärztin? Eine Frau, die einen Beruf ergriff, der Anfang des 20. Jahrhunderts noch nicht frauenüblich war. Eine Studentin, die ihr Studium teilweise mit Übersetzungsarbeiten verdiente. Eine warmherzige, selbstlose Medizinerin, die weit über Offenburg hinaus für ihr soziales Engagement bekannt war. Verheiratet mit dem nichtjüdischen Arzt Dr. med. Otto Wiegand. Gemeinsame Praxis seit 1919 in der Friedrichstraße 55, früh verwitwet, später niedergelassen in der Wasserstraße 8.

Sie hat das gleiche Schicksal erlitten wie viele sogenannter rassisch Verfolgter. Das „J" im Pass, vergebliche Bemühung um Auswanderung, die alltäglichen Demütigungen. 1938 endgültiges Arbeitsverbot.

Im Januar 1944 sollte sie über Karlsruhe nach Theresienstadt deportiert werden. Zu ihrem Tod zitiere ich Worte von Frank Stern, einem in Königsberg geborenen Jerusalemer Historiker: man müsse *die ungeheure Zahl von Selbsttötungen im Nazi-Reich als eine Form des Widerstehens jener deutschen und österreichischen Juden ansehen, die der entwürdigenden Deportation die Würde der Wahl des Todes vorzogen.*

Dorothea Siegler – Wiegand
Offenburg, im November 2002

EINLEITUNG

„Ich bitte noch um ein paar Sterne...", schrieb Henriette Wertheimer, geb. Koch, am 9.4.1942 an Dr. Eisemann, den Leiter der Bezirksstelle Baden – Pfalz der Reichsvereinigung der Juden in Deutschland (Sauer, Dokumente 2, 322 - 323). Von dieser Stelle waren die vorgeschriebenen „Judensterne" zu beziehen. Frau Wertheimer, Christin, verheiratet mit dem Juden Simon Wertheimer, kümmerte sich selbstlos um die alten, kranken und noch nicht deportierten Juden des Bezirksrabbinats Offenburg, besuchte sie, tröstete, half, wo sie nur konnte. Das Aufnähen der Sterne auf die Kleidung gehörte dazu. Ein Leben gegen die Unmenschlichkeit, ohne viele Worte, selbstverständlich und selbstlos. Auch in der Ortenau galt ja nur noch das Denken und das Gesetz der Nazis. Aus Deutschland war „das Volk Hitlers" (Jizchak Katzenelson) geworden. „Eine Heimsuchung", so hat Frau Wertheimer jene Jahre genannt, die sie hier verbrachte mit der Hilfe für Menschen in Not. Sie war eine Gerechte unter den Völkern. TNZBH (Ihre Seele sei eingebunden im Bündel des Lebens!).

Keiner darf vergessen werden, der damals in seinen Menschenrechten benachteiligt und verletzt wurde. An jeden müssen und wollen wir uns erinnern. Was noch festgehalten werden kann, muß aufgeschrieben sein für die Zukunft, wie es beispielsweise der amerikanische Regisseur Steven Spielberg geleistet hat, der Tausende der überlebenden Zeugen der Shoa interviewt und auf Video aufgezeichnet hat. Auch für Offenburg, wo 1933 etwa 300 jüdische Menschen lebten, muß diese Dokumentationsarbeit gemacht werden. In den Akten der Archive, in Korrespondenzen, Interviews und anderswo liegen noch viele Erinnerungen. Jeder, der unter Hitler und seinen Verbrechern zu leiden hatte, hat sein Recht auf Erinnerung.

Den 80 Namen des ersten Bandes von „Jüdische Stimmen aus Offenburg" können nun weitere 85 hinzugefügt werden. Allen ist gemeinsam, daß sie für längere oder kürzere Zeit zwischen 1933 und 1945 in Offenburg wohnten, die meisten von ihnen entstammten alteingesessenen Offenburger Familien.

Das Buch enthält außerdem die kurze Theaterszene „Ahasverus", jene alte Geschichte vom wandernden Juden, diesmal in einer Version der Offenburger Dichterin Sylvia Cohn, geb. Oberbrunner. Für Frau Cohn gab es eine Erlösung des wandernden Juden und seines Volkes erst in Israel. Und so hatte sich auch Frau Cohn schon zur Abreise fertig gemacht, um gemeinsam mit ihrem Mann und den drei Kindern das Volk Hitlers zu verlassen und nach Palästina zu fliehen. Ein Hebräisch - Vokabelheft hatte sie bereits angelegt und lernte die Sprache. Doch es war ihr und ihrer ältesten Tochter Esther nicht mehr gegönnt, Israel zu sehen: vor 60 Jahren wurde Sylvia Cohn kaltblütig in Auschwitz ermordet, etwas später starb auch Esther im Gas. Die Mutter war 38 Jahre, Esther 18 Jahre alt.

Erinnern wir uns.

„Gedenke Ewiger, was mit uns geschah. Vergesse niemals!" steht auf dem Granitstein, den die Überlebenden der jüdischen Gemeinde auf dem Offenburger Judenfriedhof aufstellen ließen. Vergesse niemals – ein Auftrag an uns alle. Jeder kann, auch heute noch, seinen persönlichen Widerstand gegen Hitler, bzw. dessen System der Vernichtung und der Auslöschung leisten. Hier sind deshalb weitere Namen und Schicksale aufgeschrieben:

Adler, Dora

Adler, Jakob und Sofie

Adler, Josef

Bär, Berta

Bergheimer, Emil

Bloch, Hans (Henry)

Bloch, Isidor und Else

Cahn, Johanna

Deutsch, Familie

Doerntlein, Margot, geb. Kramer

Dreifuß, Kurt (=Kurt Offenburg)

Ebstein, Ismar und Ida

Fetterer, Rudolfine, geb. Weil

Frank, Melanie, geb. Weil

Gottlieb, Hans

Gries, Bernhard

Grombacher, Karl

Grumbacher, Frieda

Grumbacher, Max

Haberer, Gustav

Haberer, Leo

Haberer, Otto

Haberer, Thekla, geb. Wertheimer

Hammel, Gertude

Hammel, Inge

Hammel, Simon

Kahn, Bernhard und Siegmund

Kahn, Carl

Kahn, Ellen, geb. Haberer

Kahn, Familien Ludwig und Leopold

Kahn, Hans

Kahn, Hedwig, geb. Hammel

Kahn, Meta, geb. Machol

Kahn, Walter

Kleeberg, Isidor

Kramer, Ilse, geb. Cahn

Lederer, Julius

Lederer, Martin Heinz

Leff, Jakob

Leff, Rina Erera

Levi, Gustav

Lindner, Salomon

Lion, Anna, geb. Bamberger

Lion, Renate

Maier, Jakob und Fanny

Maier, Siegfried und Gertrud, geb. Speyer

Maier, Arthur und Irma Rosa, geb. Beck

Meyer, Marie, geb. Lion

Meyer, Ruth, geb. Weisenberger

Meyer, Walter

Meyer, Ruth, verh. Poryle

Moch, Rosa

Mock, Ernst

Mock, Robert

Nathan, Ella, geb. Mann

Nathan, Paul

Oberbrunner, Martha

Platz, Dr. Joseph

Rothschild, Inge, geb. Haberer

Salomon, Felix und Hans

Sanik, Leon

Scheirmann, Alexander

Scheirmann, Arnold

Scheirmann, Fanny und Raphael

Schleicher, Hugo

Schweriner, Selma

Schweriner, Walter

Simon, Grete, geb. Maier

Speck, Meta, geb. Uffenheimer

Speier, Helmut

Strauss, Julius

Sturmann, Betty

Teper, Albert

Veit, Anna, geb. Kaufmann

Weil, Albert

Weil, Ernst Erich

Weil, Hedwig, geb. Ackermann

Weil, Julius

Weil, Ludwig

Weil, Luitpold

Weil, Stefan

Weissenberger, Lina, geb. Bodenheimer

Wertheimer, Henriette, geb. Koch

Wertheimer, Julius

Zivi, Moses

ADLER, DORA

Die Haushälterin Dora Adler, geb. 3.11.1890 in Karbach / Unterfranken, israelischer Religion, deutsche Staatsangehörigkeit, war bis 16.10.1941 in Offenburg polizeilich gemeldet, zuletzt Okenstr. 3 bei Kahn.

Inzwischen haben wir erhalten und legen vor:

Fotokopie des Reisepasses der Antragstellerin mit Ausreise - Sichtvermerk des Landrats von Offenburg vom 28.7.1941 und Einreisevisum des spanischen Konsulats vom 7.10.1941.

Bescheinigung des Bruders Dr. Louis Adler der Antragstellerin, daß er ihr 150 Dollar nach Barcelona überweisen mußte, um dort die Weiterreise nach USA abzuwarten

Bescheinigung des Reisebüros Rosen Tours in New York: die Überfahrt der Antragstellerin von Lissabon nach New York kostete damals 250 Dollar und erfolgte mit Schiff Excalibur der American Export Lines.

(Entschädigungsakten Freiburg (EF) im Staatsarchiv Freiburg, 11273)

ADLER, JAKOB UND SOFIE

Der Kaufmann Max Adler, geb. 23.8.1898 in Offenburg, hat mich mit der Wahrnehmung seiner Interessen beauftragt.

Der Antragsteller ist der Alleinerbe seiner Eltern, nämlich der Eheleute Jakob Adler und Sofie Adler, geb. Rothschild, die beide zuletzt in Offenburg, Grabenallee 16, wohnhaft waren.

Sein Vater Jakob Adler wurde anläßlich der berüchtigten Kristallnacht im November 1938 in das KZ Dachau verschleppt und ist am 27.12.38 in Prittelbach bei Dachau verstorben.

Die Mutter des Antragstellers wurde 1940 zuerst in das hinreichend bekannte KZ-Lager Gurs und einige andere Lager verschleppt. In Begleitung der Mutter befand sich auch die einzige Schwester meines Mandanten, Ida Adler, die gemeinsam mit der Mutter umgekommen ist. (EF 10794)

MAX ADLER

Meine Eltern Jakob Adler und Sophie, geb. Rothschild, betrieben in Offenburg im Hause Grabenallee 16 ein Manufakturwarengeschäft. Der Schwerpunkt lag auf dem Verkauf von Aussteuerartikeln. Das Geschäft wurde von meinem Vater und meiner Mutter gemeinsam geführt und war meiner Erinnerung nach im Handelsregister eingetragen. Mein Vater war in der Regel jede Woche von Montag bis Donnerstagabend auf Reisen. Es ist mir noch in Erinnerung, daß er im Kreis Lahr sehr viel Kundschaft besuchte. Seine Fahrten führten ihn auch nach Furtwangen, Freudenstadt, Schramberg, Triberg und auch in die nähere Umgebung Offenburgs. In der Zeit seiner Abwesenheit, also von Montag bis Donnerstag, hat meine Mutter in Offenburg den Betrieb geführt und die anfallenden Arbeiten erledigt. Teilweise hat hierbei auch meine Schwester mitgeholfen.

Über die Einnahmen aus dem Geschäft vermag ich keine konkreten Angaben zu machen. Wir lebten bescheiden, hatten jedoch unser sicheres Auskommen. Meine Geschwister und ich haben beide die höhere Schule besucht und das Einjährige abgelegt. Ohne gewisse Einkünfte wäre schon dieser Schulbesuch nicht möglich gewesen. Für mich war die Schulzeit mit dem Einjährigen am 31.7.1914 beendet. Ich kam anschließend in die Lehre nach Frankfurt und bin im Jahr 1916 zur Wehrmacht einberufen worden. 1918 wurde ich vor Verdun verwundet. Nach dem Ersten Weltkrieg war ich nur noch kurz in Offenburg. Ich bin beruflich dann in Frankfurt bis zu meiner Emigration im Jahr 1933 geblieben. Ich habe auch in dieser Zeit noch regelmäßig meine Eltern besucht und konnte mich überzeugen, daß das Geschäft florierte.

(EF 5553)

1914: Bei der Synagogenwahl der israelitischen Gemeinde wurden die Herren Eduard Oberbrunner und Josef Bergheimer, deren Dienstzeit abgelaufen war, wiedergewählt. An Stelle dreier augetretener Mitglieder wurden neugewählt die Herren Jakob Adler, Elias Schnurmann und Heinrich Tannhauser. (D'r alt Offenburger 15.11.1914, S. 809)

1938: „Als er schon tot war, haben wir ihn dennoch auf der Bahre zum Appell getragen und er ist mitgezählt worden; wenn er nicht da gewesen wäre, hätte es große Schwierigkeiten gegeben. Adler war im Gemeindevorstand, von etwa mittelgroßer Statur. Er reiste auch mit Artikeln der Wäschefabrik meiner Eltern, verkaufte an die Bauern und kleine Geschäfte" (Erich Neu, Oktober 2000. - Neu war, zusammen mit den anderen männlichen Juden Offenburgs, in der Pogromnach 9./10.November 1938 verhaftet und nach Dachau gebracht worden. Dort wurde Jakob Adler am 27.12. ermordet)

ADLER, JOSEF

28.3.1911 - 18.7.1965

Herr Adler ist Jude, nämlich Sohn der im Jahr 1914 bzw. 1936 verstorbenen Viehhändlereheleute Wolf und Beate Adler, geb. Tannenwald.

Herr Adler machte nach dem erfolgreichen Besuch der Volksschule und der Gewerbeschule in Straubing eine Lehre als KFZ-Mechaniker durch und erhielt etwa im Jahr 1930 den Gesellenbrief der Handwerkskammer Passau. Er war dann anschließend an verschiedenen Stellen als KFZ-Mechaniker tätig, zuletzt vor seiner am 26.9.1934 erfolgten Auswanderung nach Palästina in Offenburg, wo er bei seiner Schwester, die mit dem Bauunternehmer X. verheiratet ist (Herr X. ist nicht Jude) gewohnt hatte. Aus verfolgungsbedingten Gründen ist Herr Adler am 26.9.1934 über Triest in das damals englische Protektorat Palästina ausgewandert, hat zunächst noch in seinem Beruf, dann als angestellter Taxichauffeur gearbeitet. Die Lebensverhältnisse waren schlecht, schlechter als sei in Deutschland seiner Vorbildung als Mechaniker entsprochen hätten. Er verdiente in Palästina umgerechnet nur etwa 100,- DM monatlich. So kam er erst im im Jahr 1940 dazu, zusammen mit einem Kollegen unter Halbpart ein Taxi zu erwerben, das die beiden schichtweise bedienten. Am 20.1.1937 hat Herr Adler in Tel Aviv die inzwischen aus Bayreuth nach Palästina eingewanderte Frau Hilde Oppenheimer geheiratet. Am 28.6.1956 ist Herr Adler mittellos, da Devisenausfuhr aus Israel gesperrt, als Rückwanderer nach Offenburg zurückgekehrt, die Rückwanderung erfolgte über Genua. Herr Adler hat bei seiner Schwagerfamilie Wohnung genommen, er plant, sich in Deutschland seinem Alter entsprechend durch Kauf einer Tankstelle oder ähnlichem selbständig zu machen. (1956)

(EF 9774)

BÄR, DR. MED. BERTA

Innenministerium Karlsruhe, 14.10.1940, an Landrat Offenburg: Durch Veröffentlichung im Deutschen Reichsanzeiger (...) hat der Herr Reichsminister (...) die nachstehend aufgeführten Personen der deutschen Staatsangehörigkeit für verlustig erklärt:

Bär, Berta Sara geb. Kahn, geb. 30.12.1898 in Offenburg. Das Vermögen der vorstehend genannten Person wird beschlagnahmt.

BERGHEIMER, EMIL

Der Viehhändler Emil Bergheimer, geb. 19.7.1890 in Offenburg, nach der alten Meldekarte israelischer Religion, war in Offenburg polizeilich gemeldet, Glaserstr. 1. Am 8.3.1938 erfolgte die Abmeldung nach „Unbekannt".

Mina Bergheimer, geb. Hahn: Mein Mann, der Jude war, war von Beruf Viehhändler und betrieb sein Geschäft von Offenburg aus, wo wir Gymnasiumstr. 1 wohnten. Seit 1932 konnte mein Mann nicht mehr mit den Bauern handeln und wir zogen 1934 nach Bergen, Kreis Hanau. Mein Mann versuchte im Jahr 1935 wieder einen Handel aufzunehmen und ging nach Offenburg zurück. Da er aber nichts verdienen konnte, wanderte er im Jahr 1938 nach Paris aus und wurde dort im Jahr 1942 deportiert. Seit 1942 habe ich nie wieder von meinem Mann gehört und habe auch nicht erfahren können, wohin und wann er genau deportiert worden ist.

Da mein Mann in Paris seit Anfang 1942 als Jude den Judenstern tragen mußte und dann deportiert wurde, ist zu vermuten, daß er in Gefangenschaft gehalten wurde.

Büro für Deportierte, Paris 1957: Es wird bescheinigt, daß aus den Unterlagen hervorgeht, daß Herr Emil Bergheimer, geb. 1890 in Offenburg, in einem Lager von Drancy interniert war, daß er nach Toulouse kam und von dort in Richtung zum Konzentrationslager Auschwitz deportiert wurde und zwar mit einem Transport vom 14. Sept. 1942.

(EF 14622)

BLOCH, HANS (HENRY)

Ich bin am 1. Juli 1917 in Mannheim als Sohn des Kaufmanns Isidor Bloch geboren. Ich wohnte mit meinen Eltern in Offenburg, Augustastraße 3 und besuchte die Oberrealschule in Offenburg bis zur Beendigung der Untersekunda im April 1933. Die Absicht meiner Eltern war, daß ich weiter studieren sollte, aber Ostern 1933 war bereits klar, daß ich als Jude zur Universität nicht zugelassen werden würde, so daß eine Fortsetzung des Schulbesuches keinen Zweck mehr hatte. Durch diese Ereignisse wurde meine weitere Ausbildung unterbrochen. Ich ging sodann als Lehrling in die Essig- und Weinhandlung meines Vaters, aber auch diese Ausbildung mußte ich infolge der bekannten Entwicklung unterbrechen und wanderte ich 1936 aus.
(EF 10861)

BLOCH, ISIDOR UND ELSE

Der Fabrikant Isidor Bloch, geb. 1.7.1878 in Schmieheim, und seine Ehefrau Elsa Franziska, geb. Hirsch, geb. 17.3.1890 in Mannheim, sind in der Zeit vom 20.1.1919 - 1.4.1937 ununterbrochen in Offenburg, Augustastr. 3, polizeilich gemeldet gewesen.

Else Bloch hat, nachdem ihr Ehemann Isidor durch Verfolgungs-maßnahmen seine Existenz verloren hat, das „Cafe - Restaurant Bloch" eröffnet. Sie durfte nur an Juden verkaufen. Ihr Einkommen beziffert sie mit 200,– RM monatlich. Die Stadtgemeinde habe ihr jedoch das Haus gekündigt, weil sie Jüdin war, so daß sie das Lokal wieder aufgeben mußte. (EF 10966)

Else Bloch an ihre Cousine Tinny (verh. mit Isaac W. Frank, ein großer, sehr beliebter Industrieller in Pittsburgh). „An meinem Geburtstag 1935 hat meine Mutter einen Brief aufgesetzt, und den habe ich noch." Warren (Werner) S. Bloch, 23.7.1935

19.9.1935

Wie ein Lichtblick in unserer schweren ernsten Zeit kam Dein l. Brief Du kannst Dir gar nicht denken, wie freudig erregt ich darüber war. Es freut mich, Dein und aller Deiner Lieben Wohl zu erfahren, bes. daß es Dir gesundheitlich gut geht. Dasselbe kann ich Dir von mir und meiner Familie auch versichern. Unsre Jungens sind inzwischen groß geworden und lege Dir ein Bild bei, das sie zur silbernen Hochzeit uns schenkten. Leider haben sie nicht die sorglose Jugendzeit wie ich sie erleben durfte. Geschäftlich haben wir sehr zu kämpfen trotz der bescheidensten Lebensbedürfnisse, aber die Hauptsorgen lasten auf unserer Jugend, für die es hier keine Möglichkeiten mehr gibt vorwärts zu kommen. Unsre Jungens sind fleißig und gesund und aufrichtig und haben gottlob alle Qualitäten rechte Männer zu werden. Hans arbeitet bei uns, Werner ist in einer Textilfirma beschäftigt. Unser ganzes Sinnen und Streben geht dahin, die beiden Kinder ins Ausland zu bringen, wo sie nach ihren Fähigkeiten eine Verwendung finden können. Du erinnerst Dich vielleicht noch, wie mein Vater keine Mittel scheute, seinen Geschwistern eine gute Zukunft zu sichern. So komme ich auch heute nachdem Du die Brücke geschlagen, wehen Herzens zu Dir uns in unserer schweren Lage beizustehen, womöglich um eine Arbeitsstätte in Eurem Land besorgt zu sein. Es fällt mir nicht leicht, Dich lb. Tinny mit unseren Sorgen zu belasten, aber es ist jetzt der einzige Ausweg, den ich für gegeben halte. Leider zwingen mich die gegenwärtigen Verhältnisse zu diesem aufrichtigen Bekenntnis, ich und sowie mein Mann wären Dir ewig dankbar, wenn sich unsere Bitte erfüllen würde. Eine Brudersfrau meiner Mutter (Frau Mina Mayer aus Leutershausen) lebt seit 2 Jahren bei ihrem Sohne Fritz Mayer in New York 370 Central Park West und wird Dir den Inhalt meiner Zeilen bestätigen, vielleicht kann sie jemand der Familie einmal aufsuchen.

Liebe Tinny, nachdem ich Dir nun unsere Lage geschildert habe danke
Dir nochmals für Deine lieben Zeilen und wünsche Dir und Deinen
Lieben viel Glück und Gesundheit zum neuen Jahre.

Laß bald einmal wieder von Dir hören und sei Du und die ganze
Familie herzlich gegrüßt von Deiner Else

(Stadtarchiv Offenburg, Bestand 28: Bloch)

CAHN, JOHANNA

siehe auch ILSE KRAMER, geb. Cahn und
MARGOT DOERNTLEIN, geb. Kramer

Frau Cahn ist Jüdin gewesen; sie ist am 22.10.1940 in Offenburg verhaftet und nach Gurs deportiert worden. Sicher ist, daß Frau Cahn, geb. 25.1.1877, 66-jährig am 5.7.43 in Rivesaltes gestorben ist.

Frau Cahn war früher zusammen mit ihrem vorverstorbenen Mann Isidor Cahn die langjährige Inhaberin des Schuhhauses "Adler" in Offenburg, eines ersten Schuhgeschäftes am Platze, welches sie dann unter dem Zwang der vom Nationalsozialismus geschaffenen Verhältnisse am 14.2.1936 aufgeben und verkaufen mußte.

Frau Cahn war Eigentümerin des Wohnhauses Hildastr. 57a. Sie besaß darin eine gut ausgebaute 4-Zimmerwohnung mit Küche, Bad, Mansarde und Zubehör. Die Hildastr. zählte damals in Offenburg zu den besten Wohnlagen. Ihre gesamte Wohnungseinrichtung mußte sie bei der Deportation zurücklassen.

(EF 11803)

DEUTSCH, FAMILIE

Die Eheleute Max und Dina Deutsch sind am 22.1.1924 von Ludwigshafen/Rhein kommend in Offenburg, Badstr. 41 zugezogen. Motel Dajc (gen. Max Deutsch), verheirateter Kaufmann polnischer Nationalität, geb. 20.9.1888 in Spicin, Kreis Lublin, Polen; Dina Dajc, geb. Schnurrmann, geb. 6.12.1890 in Schmieheim, Kreis Lahr, polnischer Nationalität; Kinder Senta (geb. 28.3.1921 in Offenburg), Hannelore (geb. 29.7.1924 in Offenburg)

Die Familie Dajc war Eigentümerin des einstöckigen Einfamilienhauses Badstraße 39, sowie des dreistöckigen Miethauses Badstr. 41 und eines 1stöckigen Anbaues hierzu.

Sie betrieb bis zuletzt einen gutflorierenden Rohproduktenhandel und einen Handel mit Wäschewaren und besaßen für ihren Rohproduktenhandel einen größeren Lagerplatz mit 2 größeren Lagerhallen in der Haselwanderstraße hier.

Hinsichtlich der jüdischen Religionszugehörigkeit waren diese während der Nazizeit keiner Drangsale unterworfen, da sie als Ausländer-Polen in Frage kamen und einen Schutzbrief des polnischen Konsulats besaßen. (EF 15029)

Nachdem der Verstorbene Max Deutsch von Deutschland ausgewiesen worden war, kam er nach Italien. Dort hat er als Emigrant keine Arbeit erhalten und wurde er von seiner Tochter, jetzt Frau Senta Bar, die damals schon in Amerika war, unterhalten. Im Jahr 1941 wurde er in Italien interniert und das Italienische Gouvernement hat ihn und alle Leute in seiner Lage ernährt. Nach der Internierung hat sein Schwiegersohn ihm Geld gegeben zur Ernährung und dies hat er immer getan bis zu seinem Tode, auch in der Zeit, wo er hier in Amerika war. Um die Sache kurz zu fassen hat mein seliger Schwiegervater von der Zeit, wo er Deutschland verließ, bis zu seinem Tode kein Einkommen gehabt und lebte nur von Unterstützung. (EF 3699)

Senta Deutsch (S), verh. Bar (geb. 1921), Hannelore Deutsch (H), verh. Hecht (geb. 1924) (Interview Ruch 2.6.2000)

Wie war das damals zuhause in Offenburg? Haben Sie als Kinder etwas vom Antisemitismus bemerkt?

Senta: Sehen Sie, ich habe hier heute noch meine christlichen Freundinnen. Da hat es nichts gegeben, wir waren immer zusammen.

Hannelore: Ich kann mich aber schon noch daran erinnern, wenn ich von der Schule durch die Grabenalle nachhause bin, daß manchmal einer gerufen hat: Du dreckiger Jude!

Kindheit in Offenburg: Kannten Sie den Brauch Holegrasch?

Senta: Ja, das ist ein Brauch bei einem neugeborenen Mädchen. Das hat man damals bei mir sicher auch gemacht, aber ich war ja ein kleines Kind und kann mich nicht erinnern. Die Christen haben ihre Taufe, wir haben Holegrasch. Man gibt dem Mädchen dabei seinen Namen, verbunden mit einem Segen, und die anderen Kinder kriegen ein kleines Geschenk. In Amerika nennt man den Brauch „nameing of the baby"! Wenn es ein Junge ist, hat er ja seine Beschneidung am achten Tag, so hat es Abraham vorgeschrieben.

Ich hatte eine gute, behütete Kindheit. Meinen Eltern ist es wirtschaftlich gut gegangen bis zur Wirtschaftskrise. Ich bin zur Tanzschule gegangen, habe Gitarre gelernt und Harmonika gespielt. Meine beste Freundin war die Edith Lion (geb. 4.2.1922; 22.10.40 Gurs, dann Auschwitz), die in Auschwitz umgekommen ist. Übrigens: in meinem Haus in Florida wohnen viele Familien, darunter auch eine jüdische Frau aus Deutschland, die mich einmal fragte: woher kommst Du? Von Offenburg, sagte ich. Offenburg? Weißt du, ich war im Lager mit einem schönen Mädchen zusammen, die hat auch gesagt, sie kommt aus Offenburg. Ich fragte sie, wie die geheißen hat. Sagte sie: Ich weiß nur den Vornamen, Edith. Edith Lion? Ja. - Ich habe mich schrecklich aufgeregt. Dann hat sie mir darüber berichtet: sie hat sich retten können und Edith ist umgekommen. Sie war zuvor noch mit ihr in Gurs gewesen. Das ist komisch, wenn man so etwas erfährt nach so vielen Jahren. Aber meine Kindheit war sehr schön. Vater hatte ein Eisengeschäft, das gehört jetzt der Firma Leber. Wir hatten noch viele Grundstücke gehabt, haben sie nach dem Krieg billig verkauft. Wir wollten nichts mehr wissen von Deutschland. Es hat so weh getan alles. Inzwischen komme ich wieder hierher, man kriegt sogar Sehnsucht nach der Heimat.

Eine Nachbarin unten am Mühlbach war die Frau Erlacher von der Wäscherei Erlacher. Und diese Frau hat alles aufgehoben und versteck für uns. Sie hat immer gesagt, wenn die mal wieder heimkommen, werden sie sonst nichts mehr haben. Das war eine wunderbare Frau, sie war wie eine zweite Mutter zu mir.

Wie haben Sie den Anfang 1933 erlebt?

Mit meinen guten Freunden hat sich überhaupt nichts verändert. Neben uns hat eine Familie Künstle gelebt. Er war ein Nazigegner. Er sagte mir, weißt Du Senta, ich habe Angst vor meinen eigenen Kindern, daß sie mich verraten. Seine Tochter war zwar ein wunderbares Mädchen, aber sie war ideologisch so fanatisiert! Frau Künstle hat mal meinen Vater angesprochen auf der Straße und am nächsten Tag wurde sie auf die SS gerufen: Frau Künstle, wenn Sie noch weiter mit dem Herrn Deutsch gesehen werden, dann wird ihr Mann den Job verlieren!

Ich bin in den Kindergarten, zur Volksschule, dann zur höheren Realschule, wo ich mit der Alice Fässler zusammen war. Schließlich bin ich auf die Höhere Handelsschule und konnte gerade noch den Abschluß machen, zusammen mit Dorothea Wiegand.

Man hat mir gedroht, weil Vater ja ein gebürtiger Pole war und deshalb kein deutscher Staatsbürger werden konnte. Wir Kinder sind aber alle hier in Offenburg geboren. Und meine Mutter stammt aus einer

Familie, die seit vielen Generationen in Schmieheim lebte, sie war eine geborene Schnurmann.

Doch die Auswanderungsquote ließ eine Auswanderung nach Amerika nicht zu, wir konnten nicht weg. Wir hatten zwar dort Verwandte, hatten Papiere - aber die Quote! Schließlich bekam ich ein Schreiben der Stadt, meine Aufenthaltsgenehmigung sei abgelaufen! Und das, obwohl ich hier geboren war! Wenn ich nicht innerhalb einer bestimmten Frist fort ginge, würde man mich nach Polen abschieben. Ich hatte aber Glück: Eine englische, christliche Familie hat meine Papiere bekommen. Der Mann hat mich angenommen, denn er hatte eine private Sprachschule und dachte sich wohl, er könne von mir etwas Polnisch lernen! Ich bin allein in England angekommen, das war 1939 nach der Kristallnacht (bei der die Nazis meinen Vater und meinen Freund weggenommen haben). Drüben haben mich zwei ehemalige Offenburger Lehrer abgeholt, Herr Federgrün und Herr Bär. Es war nicht leicht für mich, denn ich war allein und zum erstenmal unterwegs. Ich wohnte in Sussex. Aber die Leute waren sehr gut zu mir. Die Familie hatte noch Papiere besorgt für meine Eltern und die Schwester. Die Eltern hatten sogar noch einen Umzugslift weggeschickt nach England, der allerdings nie angekommen ist. Da hatte schon der Krieg begonnen und sie konnten nicht mehr weg.

Nach der Kristallnacht hat jeder versucht wegzugehen. Und zufällig gab es, wenn auch nur für ein paar Wochen, eine Sonderregelung: die Grenze nach Italien war offen, aber nur für Polen. Sie haben nicht gesagt für Juden, sondern für Polen. Und da mein Vater ja einen polnischen Paß gehabt hat, sind die Eltern sofort nach Italien.

Ich blieb noch ein Jahr in England und bin dann nach Amerika mit dem letzten Schiff ausgereist. Auf dem Schiff traf ich auch den Offenburger Rechtsanwalt Dr. Schleicher mit Frau und Kind, aber die sind etwas besser gefahren als ich. Ich saß ganz unten im Keller, und habe seit jener Zeit eine ganz furchtbare Claustrophobie! Eine furchtbare Angst, wir waren ganz unten, mußten in die Betten kriechen. Viele Schiffe wurden damals ja torpediert, und auch das Schiff, mit dem ich hinübergefahren bin, wurde auf dem Rückweg versenkt! Was habe ich für ein Glück gehabt! Manchmal muß man Glück haben. Die Fahrt dauerte vielleicht zehn Tage.

Hannelore:
Mein Vater meinte zum Oberbürgermeister in Offenburg: Herr Rombach, ich muß noch alles in Ordnung bringen, muß noch abrechnen! Darauf meinte der Oberbürgermeister nur: Deutsch, gehen Sie weg, bevor man mit Ihnen abrechnet!

So sind wir nach München im August 1939. Wir wußten ja nicht wohin, denn niemand wollte uns. In München haben wir dann erfahren, daß die italienische Grenze für Polen offen ist und so sind wir dann nach Mailand. Wir konnten nur 10 Mark mitnehmen pro Person und etwas Handgepäck. Man hatte uns gesagt, da sei eine Ahiaz, eine jüdische Organisation, und die würden uns wahrscheinlich empfangen. Und da war dann wirklich jemand dort in Mailand und hat gewartet auf Ausländer. Wir kamen zu Leuten in eine Wohnung. Aber nach ein paar Monaten, wie Mussolini mit Hitler den Zusammenschluß gemacht hat, hat man die ausländischen Männer, also auch Vater, geholt, erst ins Gefängnis gesteckt für etwa zwei, drei Wochen, und dann in das Lager Ferramonti, ganz unten im Süden in Kalabrien! Es war furchtbar. Dort hat er zweimal Malaria bekommen. Und meine Mutter ist in Mailand krank geworden. Ich war damals 15 Jahre alt, war allein, und wußte nicht, was tun. Jemand hat mir gesagt, ich solle nach Rom gehen, um dort nach Erlaubnis zu fragen für eine Internierung, das nannte man „freie Internierung". Es war furchtbar, wir hatten kein Geld, nichts. Die Ahiaz hatte uns etwas gegeben, gegessen haben wir bei den armen Leuten in einer Suppenküche.

Mutter lag daheim, wir hatten kein Geld fürs Krankenhaus. Bekannte haben sie dann zu einem Arzt gebracht, der mir sagte, sie sei sehr krank. Jede Aufregung könne ihr den Tod bringen. Schließlich hat man uns die Erlaubnis zur „freiwilligen Internierung" gegeben Anfang September 1941 nach Villa Santa Maria in den Abruzzen. Dort ist meine Mutter gestorben. Doch man wollte sie nicht auf dem dortigen Friedhof beerdigen! Ich habe die tote Mutter drei Tage im Haus gehabt! Schließlich kam der Pfarrer und hat gesagt, wir müssten versprechen, daß wir sie nach dem Krieg wieder aus dem Grab auf dem katholischen Friedhof herausnehmen. Unglaublich!

Wir waren etwa 30 Internierte, darunter nicht nur Juden, sondern auch Jugoslawen, Belgier, vielleicht 20 Juden und 10 Nichtjuden. Wie die Deutschen Truppen näher kamen, hat der Bürgermeister des Ortes, der schließlich wußte, was die mit uns machen würden, gesagt: Ich werde denen sagen, ich habe keine Ausländer hier. Die amtlichen Bücher hat er verschwinden lassen und uns gesagt, wir sollten weglaufen in die Berge. So haben wir uns versteckt. Es gab keinen im Dorf, der etwas verraten hätte, niemand! Der Bürgermeister wurde übrigens später in Israel in Yad Vashem als „Gerechter unter den Völkern" aufgenommen, er war zwar schon tot, aber seine Frau und die Kinder hat man eingeladen zur Feier. Aber man müßte ja eigentlich das ganze Dorf auszeichnen!

Es war sehr schwer, die Deutschen sind regelrecht wahnsinnig geworden, denn auch die italienischen Männer sind verschwunden. Die wollten sie fangen und holen. So sind wir noch höher hinauf in die Berge. Einmal haben die Deutschen dort ein ganzes Dorf verbrannt, bis auf die Kirche. Und wie wir da zusammen waren im Wald, sind plötzlich vier deutsche Soldaten gekommen. Unser Glück war aber das verbrannte Dorf. Denn sie fragten uns, was wir hier machen würden. Wir antworteten auf italienisch, wir kämen von jenem Dorf dort oben. Das haben sie uns auch geglaubt. Wir hatten übrigens ein 5-jähriges Mädchen dabei, das hieß Hanna und hat deutsch gesprochen. Einer der Soldaten fragte sie auf deutsch: na, wie ist dein Name?. Aber sie hat kein Wort gesagt. Zum Glück! Sonst hätten sie uns gehabt.

Es gab kein Essen, die Deutschen hatten alles weggenommen. Wir haben dann Kartoffeln gefunden, haben ein Feuer gemacht und die Kartoffeln gekocht, das war alles. Und Wasser getrunken. Bis die Engländer uns schließlich befreit haben.

Etwa sechs Wochen waren wir in den Bergen gewesen. Und es war so gefährlich gewesen, die Leute hatten überall Minen gelegt. Als wir wußten, daß die Engländer schon auf der anderen Seite des Berges standen, wollten wir hinüber. Wir haben einen Esel genommen und sind hinter ihm gegangen, weil man Angst gehabt hat vor den Minen. Und das ist auch öfters passiert, daß da eine hochgegangen ist und ein Esel getötet wurde. Aber keine Menschen.

Befreit wurden wir also von den Engländern 1943. Wir kamen in ein Camp im Süditalien, da waren zwar furchtbare Zustände. Wir waren verlaust, schrecklich, Haarläuse, Körperläuse. Aber wir waren zufrieden, daß wir endlich frei waren. Mein Vater hat Arbeit bekommen bei der Palästinian-Army in Bari. Später ist die Army nach Neapel und wir sind mitgegangen.

Für mich war klar, daß wir nach Amerika gehen, ich wollte zu meiner Schwester. Ich wollte weg, ich war jung und hatte soviel Haß in mir. Ich wollte höchstens nach Deutschland, um dort eine Bombe zu legen. Vater wollte zurück nach Offenburg. Er hat zu mir gesagt, Hannelore, Amerika läuft uns nicht weg, aber ich will erst wieder zurückholen, was mir gehört. Aber ich wollte nicht, und ich habe mich durchgesetzt. Denn man hat mich in Deutschland rausgeschmissen, von der Schule geworfen in der sechsten oder siebten Klasse, ich konnte die Schule nicht mehr abschließen.

Brief von Selma Oberländer, geb. Deutsch, an Hannelore und Max Deutsch zum Tod (11.1.1942) der Mutter Dina, geb. Schnurmann:

Adr.: Selma Oberländer, Ilot B Baracke 65 Nr. 6426, Centre d'Hebergement d' Rivesaltes (P 6), France

Meine liebe gute Hannelore, lieber Schwager!
Leider brauche ich euch nicht zu fragen wie es geht. Wie ein Blitz aus heiterem Himmel kam das furchtbare Schicksal über mich, am 13.3. war ich zum Arzt bestellt und gleichzeitig wurde ich in unserm Ilot zum Comitee Herrn Stern gerufen. Konnte mir gar nicht denken, was da los ist, ich habe Bericht für Sie, war die Antwort. Ich glaubte im Moment, es drückt mich jemand in den Boden.

Meine liebe gute Schwester, die nur gutes tat und kannte, auch hier bekannt von sämtlichen Offenburgern. Leider hilft uns das alles nichts, unsere gute Schwester ist leider nicht mehr. Ich freute mich immer auf ein Wiedersehen mit meinen Geschwistern und nahm mir vor, wie Eisen und Stahl zusammen zu halten, auch das war uns mißgönnt. Wieder eine große Lücke in unserer Familie. Ich kann es kaum fassen, dass es so sein soll. Der Gedanke an etwas Furchtbares hat mich eine Nacht, bevor die Nachricht kam nicht schlafen lassen, und schon Morgens um 6 Uhr saß ich auf meinem Lager und weinte, meine Mitmenschen lachten mich aus, ich wäre doch eine gescheite Frau und nun war das Unglück da. Was geschieht mit Euch beiden, könnt Ihr denn nicht nach New York kommen. Seid Ihr beide gesund? Habt Ihr zu Essen? Bitte berichtet mir genau. Hat liebe Schwester leiden müssen? Was hat ihr eigentlich gefehlt, was war die Ursache? Welcher Arzt hat den Brief geschrieben? Kann man an den Arzt schreiben, dann bitte ich um die Adresse. Habt Ihr eine Nachricht aus Amerika? Wir sind schon 4 Monate ohne Geld und ohne Nachricht. Walter ist schon bald 9 Monate von mir fort, im Auswanderungs-Lager bei Les-Milles. Ich habe große Sorgen um uns beide, ich wiege noch 100 Pfund, wenn wir nur gesund bleiben, sonst will ich nichts. Wenn ich nur alles persönlich mit Euch bereden könnte, leider kann es nicht, auch auf dem Papier nicht.

Leider ist das alles furchtbar und weil das ganze Unglück, das über uns kam, kaum zu ermessen ist, so kann man nicht sagen, was das schlimmste ist. Einen Trost gibt es von mir aus nur in dem Sinn, weil wir nicht wissen, was mit uns noch geschieht. Meine gute Schwester ist mein Blut und Euer Blut, deshalb kann ich nur sagen, gönnt dem guten Geschöpf die Ruhe, die momentanen schweren Sorgen helfen uns darüber hinweg. Bekommt Ihr von Senta Geld? Walter schrieb, daß er von Heinz von Januar einen Brief in englischer Sprache erhalten hat. Unsre Papiere sind auch noch nicht da. Ich könnte auch Hilfe gebrauchen.

Gibt es dort auch ein Comite, das für uns etwas tun könnte, beantrage Du, lieber Max einmal bei einem dortigen Comite, dass sie uns Pakete senden sollen, es täte Not. Bitte tue das, wäre Dir sehr dankbar. Für heute nur noch einen stillen Händedruck, haltet Euch gesund, wenn wir beisammen sind, liebes Hannele, dann sorgt Deine Tante schon, auch Du, lieber Max, sollst nicht verzagen, denn Deine Güte muß auch belohnt werden, abwarten. Vor allen Dingen schreibt sofort Antwort.

Lebt wohl herzliche Grüße und Küsse, Eure Tante und Schwägerin Selma

DOERNTLEIN, MARGOT,

geb. Kramer (siehe auch ILSE KRAMER und JOHANNA CAHN)
Die Antragstellerin war 13 Jahre alt (geb. 9.11.26), als sie mit ihrer
Großmutter, Frau Johanna Cahn, geb. Kohlhagen, zusammen am
22.10.1940 verhaftet und nach Gurs deportiert wurde. Ihre ganze per-
sönliche Habe, wie auch die ihrer Mutter und jene der Großmutter,
ging während der Kriegszeit verloren, und als sie später nach
Deutschland zurückkam, war nichts mehr da an Unterlagen und
Hinweisen.
(EF 11803)

„Seither sind Jahrzehnte vergangen. Ehe, Kinder. Margot Doentlein, in
Offenburg geborene Margot Kramer, ist zurückgekehrt. Zweimal. Das
letzte Mal im Juni 1995, hat sie nochmals ihre Erinnerungen an Ort
und Stelle hervorgeholt und über die Tragödie der Offenburger Juden
und ihren eigenen unbeschreiblichen Leidensweg berichtet. Sie hat
sich über Gesellschaft gefreut, wenn sie in der Zauberflöte am Tisch saß
und mit der Wirtin Anni reden konnte. Und auch mit anderen
Besuchern. Von den Leuten im Ritterhaus wurde sie ebenfalls betreut,
worüber sie sich freute und was sie immer wieder erwähnte. Doch ihren
Aufenthalt in Offenburg wollte sie nicht verlängern. Sie wollte wieder
nach Hause, nach Ontario reisen. „Ontario, that's a nice country. Da
müßt ihr mal hinkommen." Bei ihrer Ankunft in Kanada ist Margot
Doerntlein zusammengebrochen, auf dem Flugplatz. Niemand konnte
ihr mehr helfen." (Gerlach Fronemann)

DREIFUSS, KURT

(= KURT OFFENBURG)

Am 25. November 1898 wurde Kurt Dreifuß in Offenburg geboren. Die Eltern Josef und Rosa, geb. Halle, hatten in der Kornstraße 4 ein Einrichtungsgeschäft. Auch Vater Dreifuß stammte bereits aus der Ortenau. Er fiel im Ersten Weltkrieg im Alter von 49 Jahren. Kurt Dreifuß machte ab 1916 in Frankfurt eine Kaufmannslehre. Einer seiner Brüder führte das elterliche Geschäft in Offenburg weiter.

Nach dem Ersten Weltkrieg kam Kurt Dreifuß 1918 zum Journalismus und ziemlich bald als Korrespondent und freier Mitarbeiter zur Frankfurter Zeitung und zur Büchergilde Gutenberg. Offiziell hieß er damals noch Dreifuß, er zeichnete aber seine Artikel bereits mit ko (=Kurt Offenburg), manchmal ofb (Offenburg), und unterschrieb Ende der 20er Jahre im Literaturblatt „Kurt Offenburg".

Einige Bücher aus jener Zeit sind unter diesem Namen erhalten, zum Beispiel eine Prosaversion von Chaucers Canterbury Tales (1924/25) „Der englische Boccaccio", eine Anthologie von Arbeiterliteratur (die später auch auf englisch erschien unter dem Titel Worker's Poetry) oder die Anthologie „Der ewige Garten. Ein Buch zur Einkehr". Ein weiteres Buch trägt den Titel „11/10. Ein zeitgenössischer Roman". Schließlich soll er noch eine Sammlung eigener Kritiken veröffentlicht haben, die aber nach Aussage seiner Biographin, der australischen Professorin Lee Kersten von der University of Adelaide (die Kurt Offenburg wiederentdeckte und der die meisten dieser Angaben zu verdanken sind) noch nicht nachgewiesen werden konnte.

Der Nationalsozialismus hat auch Kurt Dreifuß, der den Sozialisten nahestand, aus Deutschland vertrieben. Bereits 1931 wurden ihm gute Kontakte zur australischen Labourregierung nachgesagt, und so wundert es nicht, daß er 1936 als „Kurt Dreifuß Offenburg" in Australien einwanderte und dort die Naturalisationsurkunde beantragte und auch erhielt. Hier arbeitete er wieder als Publizist.

Kurt Offenburg starb 1946. Der Nachruf vom 17. Mai im Sydney Morning Herald erinnerte noch einmal an die sozialistischen Verbindungen von KO, bereits sein Vater sei ein bekannter Sozialist gewesen.

In Australien sind mehrere Publikationen von ihm entstanden: "Does Russia Matter?' (1941), „Japan is at our gates" 1942), „These glorious crucaders" (1943), „War in the Pacific?" (1941), „World in dust" (1945).

Im Prolog zu diesem letzten Buch, das er im Untertitel auch einen „personal record" nannte, finden sich auch die folgenden persönlichen Äußerungen von Kurt Offenburg: „Ich blicke zurück auf die Welt, die ich kannte, und sehe: sie liegt im Staub. Viele Städte, die ich liebte, sind nicht mehr. Viele Freunde, die ich liebte, sind nicht mehr".

EBSTEIN, ISMAR
28.12.1878 - 22.9.1942
EBSTEIN, IDA
GEB. WEIL, 25.10.1874 - 19.11.1951

Ich kenne Frau Friederike Schiff, geb. Ebstein, von Offenburg her, wo wir in der Zionistischen Organisation des öfteren zusammen kamen und habe sie auch zusammen mit anderen jungen Leuten in ihrem Elternhaus in der Blumenstrasse besucht. Ich kann mich daher erinnern, daß die Eltern der Frau Schiff, Herr Ismar Ebstein und Frau Ida, in der Blumenstrasse eine schön und behaglich eingerichtete 3-Zimmerwohnung bewohnten und Herr Ebstein als Vertreter in der Wein- und Zigarrenbranche arbeitete. Es war allgemein bekannt, daß das Ehepaar in guten wirtschaftlichen Verhältnissen lebte und bei meinen Besuchen in ihrem Hause habe ich mich davon überzeugen können, daß der Lebensstandard der Familie Ebstein ein recht hoher war, da die Gäste bei Empfängen und Festlichkeiten stets sehr gut aufgenommen wurden. (1958)

Ich bin am 2.10.1910 in Offenburg als Tochter jüdischer Eltern geboren und gehöre noch heute der jüdischen Glaubensgemeinschaft an. Mein letzter Wohnsitz in Deutschland war Offenburg, Blumenstrasse 3. Aus Erzählungen ist mir bekannt, daß mein Vater Ismar Ebstein nach Absolvierung einer 8-klassigen Volksschule eine kaufmännische Lehre durchgemacht hat und nach seiner Militärdienstpflicht jahrelang wieder kaufmännisch tätig war. Nach seiner Heirat im Jahre 1907 übernahm mein Vater das Hotel Weil in Wildbad/Württemberg, das seinerzeit seinen Schwiegereltern gehörte. Im Jahr 1927 gab er das Hotel auf und wurde Vertreter verschiedener Wein- und Zigarrenfirmen. Unter anderem vertrat mein Vater für Weine die Firma Steinbach/Frankfurt und für Zigarren die Firma Ulmann und Fetterer, Offenburg. Von 1930 bis 1933 schätze ich das Einkommen meines Vaters auf ca. 500 RM mtl. Als ich im März 1933 Deutschland verlassen habe, waren die Verdienste

meines Vaters bereits beschränkt. Dies war auf die Boykottmaßnahmen zurückzuführen, als mein Vater unter den christlichen Abnehmern keine Absatzmöglichkeit mehr fand, obwohl er die Vertretung einiger Firmen noch eine Zeit lang behielt. Mehr als zur Deckung der allernotwendigsten Lebensmittel hat mein Vater zu dieser Zeit nicht mehr verdienen können. Von ungefähr 1938 oder 1938 an hat mein Vater jede berufliche Tätigkeit aufgeben müssen. Er war bis zu seiner Deportation im Oktober 1940 nach Gurs arbeitslos. Er starb in der Deportation am 22.9.1942.
(EF 10007)

FETTERER, RUDOLFINE
GEB. WEIL, 28.2.1873 - 1958

Die Antragstellerin wurde am 22.10.1940 wegen ihrer jüdischen Abstammung verhaftet und aus ihrer Heimat Baden nach Südfrankreich verbracht. Hier wurde sie bis zum 26.1.1942 im Lager Gurs in Haft gehalten. Anschließend kam sie in das Lager Recebedou und von hier aus in das Lager Noe, wo sie bis zum 21.8.1942 verblieb. (1952)

„Am 10. November 1938 wurden in meinem Haus die Fensterscheiben und ein großer Kachelofen zerstört, die ich wieder mit eigenem Geld ersetzen mußte."

(EF 4648)

FRANK, MELANIE

GEB. WEIL, 14.12.1873 - 1961

Die Antragstellerin wurde wegen ihrer jüdischen Abstammung am 22.10.1940 verhaftet und aus ihrer Heimat Baden nach Südfrankreich verbracht (Deportationsliste Nr. 4993). Hier wurde sie bis zum 21.3.1941 in Gurs in Haft gehalten, anschließend bis zum 3.8.1942 im Lager Récébedou und weiterhin bis zum 17.8.1943 im Lager Noe. Von hier kam sie in das Hospital Saint-Laurent du Port, wo sie bis Kriegsende verblieb.

Die Antragstellerin hat wegen der erlittenen Freiheitsentziehung Haftentschädigung für 49 Monate und 27 Tage beansprucht. Gemäß ... ist dem Antrag für die Zeit vom 22.10.1940 bis zu ihrer Entlassung im Lager Noe am 17.8.1943 = 33 Monate und 25 Tage zu entsprechen. Der weitergehende Antrag muß hingegen abgelehnt werden, weil die Antragstellerin im Hospital Saint Laurent nicht mehr unter Verhältnissen lebte, die denen eines Konzentrationslagers entsprachen. (EF 5252)

GOTTLIEB, HANS

Ich wurde am 5.9.1909 in Offenburg geboren als Sohn volljüdischer Eltern, Theodor und Luise, geb. Haberer; besuchte die Volksschule, dann die Oberrealschule, welche ich 1928 mit dem Abitur absolvierte und bezog dann die Universitäten Freiburg, Berlin, München und Heidelberg, dort machte ich mein Physikum. Es lag meine Doktorarbeit schon gedruckt vor, ich wurde aber zum Doktorexamen in Baden nicht mehr zugelassen und ging daher nach Basel, um dort meinen Doktor zu machen. Ich erhielt mein Doktordiplom in Basel im Frühjahr 1934 und wurde dann Voluntaer-Arzt im Bürgerspital dort. Am 6.7.1936 wanderte ich in die Vereinigte Staaten aus. Hier arbeitete ich im Madison Park Hospital in Brooklyn, um mich im April 1939 niederzulassen. 1939 heiratete ich Jean Goldstein, geb. 1918, in New York. Aus unserer Ehe sind zwei Kinder hervorgegangen.

(EF 8861)

GRIES, BERNHARD
1917 – 1938

Im September 1938, wenige Wochen vor dem Novemberpogrom, kam ein junger Mann über die hohen jüdischen Feiertage (Rosch Haschana, Jom Kippur, Versöhnungsfest) in die Offenburger Gemeinde: Bernhard Gries, aus Landeshut in Schlesien gebürtig. Nach Oberrealschule und Abitur hatte er die Fraenkelsche Stiftung in Breslau, ein bekanntes Rabbinatsseminar besucht und machte dort eine Ausbildung zum Religionslehrer.

Die Offenburger Gemeinde hatte ihn eingeladen als Vorbeter für die Hohen Feiertage, doch man bat ihn bald, daß er über die ursprünglich vereinbarte Zeit hinaus noch bis Sukkoth (Laubhüttenfest) bliebe, also bis Ende September / Anfang Oktober. Denn nach dem Weggang von Dr. Siegfried (Sinai) Ucko (1935) und Herbert Finkelscherer (1935-37) gab es keinen festangestellten Rabbiner mehr in Offenburg. Nur hin und wieder amtierte Dr. Scheuermann, der Freiburger Bezirksrabbiner, aushilfsweise in der Gemeinde.

Bernhard Gries wohnte bei Familie Weil in der Grabenallee. Hier war auch der Sitz des Bezirksrabbinats, und im selben Haus wohnte auch Jakob Adler, ein alter Herr, den die Nazis in Dachau im selben Jahr noch brutal ermordeten.

Die Gemeinde schenkte Bernhard Gries nach seiner kurzen Offenburger Zeit zum Abschied ein kleines, selbstgestaltetes Album mit der Widmung: „Herrn B.Gries. Zur steten Erinnerung an Ihren Aufenthalt in Offenburg Rosch haschono 5699. Der Synagogenrat: Emil Neu, Vorsteher". Darin war eine Aufnahme der Stadt eingeklebt, vom Hohen Horn aus gesehen, und unterschrieben „Offenburg und Umgebung" und ein Bild der Synagoge in der Langestraße. Auch eine Postkarte Bernhards aus Offenburg ist erhalten, geschrieben und abgestempelt am 11.10.1938 und adressiert an den Vater Oskar Gries:

41

Bernhard Gries, bei Weil, Offenburg/Baden, Grabenallee 16

Meine Lieben!
Den Wäschezettel und Mutters Karte habe ich erhalten. Vielen Dank!
es kam sehr richtig, da ich noch die restlichen Feiertage hier bleiben
will. Ich gehe dann 8-10 Tage früher nach Breslau und komme direkt
nach Beuthen. Im Seminar ist leider Dr. Urban (?) mein großer Gönner
fort. Sind wird dadurch ohne Bibel und Geschichtsdozent. Das fehlt
dem jämmerlichen Betrieb grad noch. Der Ersatz ist kümmerlich. Die
letzten Feiertage waren schön. Alles war in bester Ordnung. Fr. Ziffer,
der ich noch nicht fest zugesagt habe, hat mir leider abgeschrieben.-
Morgen fahre ich wieder in den Schwarzwald, wenn das Wetter eini-
germaßen ist. Ist Heinzel (Bruder Heinz) wieder ganz auf dem Posten?
Grüße Bernhard

Der Bruder Heinz besitzt noch eine Sprechplatte (frühe Tonaufzeich-
nungstechnik), die Bernhard als Erinnerung für die Offenburger
Gemeinde anfertigen ließ:

Liebe Freunde, Kameraden, Mit- und Nachfeierer!
Eure entzückten Ohren vernehmen, daß ich Euch sogar jetzt noch
nicht lassen kann! Dies umso weniger, da mir die stets nüchterne
Rosel ja nicht mehr den Mund zuhalten kann.
Ich habe eine schöne Zeit bei und mit Euch verlebt und werde noch
oft Eurer gedenken! Mein Gruß gilt allen Offenburgern, sowie auch
natürlich dem Kleeblatt der drei zarten Jünglinge aus Gengenbach.
Mein besonderer Dank gilt dem Synagogenverwalter und Hofpoeten
Weil und den diversen Nebendichtern, die meine unvergleichlichen
Qualitäten so kunstvoll besungen haben. Höchste Anerkennung auch
der kantoralen Stimmungskanone Federschwarz. Seine Männerbrust
sei gesegnet! Alles in allem: Herzliche Grüße und auf ein gesundes
Wiedersehen in Offenburg! Euer Bernhard Gries!

Es müssen schöne Tage gewesen sein, die Bernhard Gries hier in Offenburg verbrachte. Besonders mit „Stimmungskanone Federschwarz" hatte er sich angefreundet. Dieser „Federschwarz", der in Wahrheit Jakob Federgrün hieß, erinnerte sich noch 1997 an den jungen Rabbi. Denn zur gleichen Zeit, als Bernhard Gries in Offenburg war, war Federgrün (englischer Name Jack Farmer; gestorben 1998) hier als Vorbeter tätig:

„Bernhard Gries hatte gerade sein Studium auf dem Rabbinerseminar in Breslau beendet und so weit mir bekannt ist, sein Doktorat erhalten. Die jüdische Gemeinde Offenburg hat ihn über die Feiertage (Neujahrsfest, Versöhnungstag und Laubhüttenfest) als Rabbiner eingestellt, da ich den Dienst des Vorbeters und Predigers nicht allein ausüben konnte. Er hat an jedem Feiertag Predigten gehalten und auch am Gottesdienst mitgeholfen (Sept./Okt.1938). Trotz der antisemitischen Ausschreitungen zu jener Zeit haben wir uns nicht unterkriegen lassen und unsere Jugend so gut wie möglich genossen. Wir haben uns befreundet und haben zwischen den Feiertagen Ausflüge gemacht. So sind wir einmal nach Freiburg gefahren, die Stadt zu besichtigen und wir sind mit der Seilbahn auf den Schauinsland gefahren, an einem andern Tag haben wir Baden-Baden besucht. Sonntags haben wir Wanderungen durch die Weinberge und in den Nordschwarzwald gemacht. Nach den Feiertagen ist Bernhard Gries nach Breslau zurükkgekehrt. Ich habe dann nichts mehr von ihm gehört. Es tut mir sehr leid zu erfahren, daß er ein Opfer des Holocaust geworden ist."

Von Offenburg aus reiste Bernhard Gries nach Berlin zu seinem Freund Rolf Exiner, dann nach Breslau, wo er jede zweite Woche im jüdischen Waisenhaus tätig war. Hier wurde er beim Pogrom 1938 verhaftet und kam am 10.11. in das Konzentrationslager Buchenwald. Eine Karte erreichte von dort aus noch die Mutter:

Meine Lieben; ich bin hier und es geht mir gut. Augenblicklich habe ich Postsperre. Anfragen an die Kommandantur sind zwecklos. Ich kann aber Wäsche und Schuhe etc. und Geld, dieses per Postanweisung erhalten. Beachtet aber bitte Nummer 28346 Block 4a. Auch ins Paket keinen Brief legen. Mit herzl. Grüße und Küsse an Euch, Onkel Josua, Zvi und Else, Euer Bernhard.

In Buchenwald wurde Bernhard Gries ein Opfer des Holocaust. „Seine Aktentasche und seine Uhr bekamen wir zurück" (Heinz Gries, 1997). Die Todesnachricht wurde dem Vater von einem anonymen Mithäftling im Büro telefonisch mitgeteilt. Die Sterbeurkunde vom Standesamt Weimar, am 8.12.38 ausgestellt, nannte für den „Seminarist Bernhard Gries, mosaisch" den 6.12.38, 18Uhr30 als Todesstunde in Weimar-Buchenwald.

GROMBACHER, KARL
22.7.1895 - ?

Herr Grombacher, der Jude ist, mußte schon vor Kriegsausbruch aus
Deutschland flüchten und seine in Offenurg wohnhafte Familie
zurücklassen. Während des Krieges wurde seine Frau sowie das einzige
Kind aus Deutschland zuerst nach Südfrankreich deportiert und später
in ein deutsches Konzentrationslager überführt, wo beide umkamen.
(1959); (EF 5511)

Ich habe vor meiner Auswanderung in Offenburg gewohnt. Ich wanderte im Jahre 1933 aus und ließ jedoch meine Familie in Offenburg
zurück, da ich erst einen Erwerb suchen mußte. Bis dahin war ich
Vertreter und zwar handelte ich mit Därmen. Ich vertrat mehrere
Häuser und beschränkte sich meine Kundschaft auf ganz Baden und
angrenzende Teile von Württemberg.

In Frankreich hatte ich zunächst mit Aufenthalts- und
Arbeitserlaubnisschwierigkeiten zu kämpfen. Ich habe Gelegenheits-
geschäfte in meiner Branche getätigt, ohne jedoch Gewinne zu erzielen, was mir aber immerhin erlaubte, mich zu ernähren, mir aber ande-
rerseits nicht erlaubte, meine Familie nachkommen zu lassen, welche
bei meinen Eltern verblieb.

Zu Kriegsbeginn wurde ich aus Straßburg evakuiert und später auch
als Deutscher interniert. Ich engagierte mich dann in der
Fremdenlegion und kam anschließend nach Nordafrika, wo ich bis
1949 verblieb. Bei meiner Rückkehr nach Straßburg habe ich zunächst
bei meiner inzwischen verstorbenen Mutter gewohnt und verschie-
dentlich versucht, Arbeit zu finden. Es gelang mir, im Jahr 1951 eine
Beschäftigung zu finden, die ich allerdings aufgeben mußte, da die
Firma unrentabel arbeitete. (1960)
Betrifft Rentenzahlung „Wiedergutmachung":

Herr Grombacher hat seit einigen Monaten seine Rente nicht mehr abgehoben. Unsere Vorladung, die wir ihm bei Empfang der Überweisung regelmäßig zukommen ließen, ist uns auch nie vom Postamt zurückgesandt worden. Wir hören heute, daß der Begünstigte sich im Hopital Psychiatrique in Hoerdt befindet und als unheilbar betrachtet wird. (Credit Lyonnais, 1966)

Der Sohn des Klägers, Kurt Grombacher, wurde aus rassischen Gründen am 22.10.1940 nach Südfrankreich deportiert und befand sich dort in den Lagern Gurs und Rivesaltes, sowie ab 16.1.1942 im Gefängnis Perpignan. Seitdem ist er verschollen.

(EF 11246)

GRUMBACHER, FRIEDA

16.8.1886 - 12.2.1953

Frieda Grumbacher war in der Zeit vom 13.12.1920 bis 15.2.1940 in Offenburg, Weingartenstr.8 polizeilich gemeldet, ihre Abmeldung nach Stuttgart erfolgte am 15.2. Im April 1940 erfolgte die Auswanderung nach Baltimore / USA, dort ist sie am 12.2.1953 verstorben.

Fräulein Frieda Grumbacher hat ihre Ansprüche angemeldet: Entschädigung für eine an den Spediteur Wußler übergebene Haushaltseinrichtung, die vermutlich versteigert worden ist; Gelder (Umzugskosten) bezahlt an den Spediteur, Passagegeld gezahlt an das Reisebüro Romminger, Judenvermögensabgabe, Reichsfluchtsteuer, Auswandererabgabe an die israelitische Kultusgemeinde, Umzugsgutabgabe.

(EF 3702)

GRUMBACHER, MAX
3.8.1882 - 1943

Mein Vater Max Grumbacher wurde deportiert und ist seitdem verschollen. Er hatte seinen letzten Wohnsitz in Offenburg und war deutscher Staatsangehöriger. In erster und einziger Ehe war er mit meiner Mutter Hedwig, geb. Zivi, verheiratet, die ebenfalls deportiert wurde und seitdem verschollen ist. Ihre Ehe wurde am 24.12.1912 in Mannheim geschlossen.

Inhaftierungsbescheinigung des Internationalen Roten Kreuzes, 1957: „Max Grumbacher, am 26. Februar 1943 zum Sammellager Drancy und am 4. März 1943 zum Konzentrationslager Lublin-Majdanek".

(EF 9876)

HABERER, GUSTAV

Der Antragsteller Gustav Haberer war Vertreter der Firma Gebrüder Stein, Rosshaarfabrik in Offenburg. 1937 mußte die Firma arisieren und wurde von dem jetzigen Inhaber Hugo Stratmann übernommen. Herr Haberer war 10 Jahre als Vertreter erfolgreich für die Firma Gebr. Stein tätig gewesen, sodaß er, trotzdem er Jude war, mit übernommen wurde. Seine Entlassung ist aber einige Tage später doch erfolgt. 1937 gründete Herr Haberer eine Polsterwaren- und Roßhaargroßhandlung. Nach seiner Haftentlassung aus Dachau mußte der Antragsteller, wie alle Juden, sein Geschäft aufgeben. (1952)

(EF 4650)

HABERER, LEO

Der am 10.6.1887 geborene Erblasser war jüdischer Abstammung und von Beruf Kaufmann. Seit etwa 1922 betrieb er in Offenburg ein Textilgeschäft. Außerdem besaß der Erblasser eine Gewerbelegitimationskarte und besuchte auswärtige Kunden. Einige Zeit später eröffnete er im gleichen Hause ein Möbelgeschäft. Anfang 1937 mußte er infolge der politischen Entwicklung das Textilgeschäft verkaufen. Das Möbelgeschäft hatte er bereits einige Zeit vorher aufgegeben. Nach seiner Auswanderung nach Amerika war er in den Jahren 1940 bis 1945 erwerbstätig, mußte jedoch nach Kriegsende seine Tätigkeit infolge Krankheit aufgeben. Der Erblasser ist am 20.5.1952 verstorben. (1957)

Herr Leo Haberer nebst Ehefrau und Kindern ist mit dem Dampfer „Washington" der United States Lines im Dezember 1938 nach New York gefahren. Die Fahrt erfolgte Kabinenklasse für vier Personen. Die jüngste Tochter Ellen war damals bereits 12 Jahre alt. Zur Zeit der Überfahrt wurden zwei Lifts und eine Kiste von Offenburg nach New York spediert. Die Familie war sehr reichhaltig und gut eingerichtet, zumal Herr Haberer ein Ausstattungs-, Möbel- und Wäschegeschäft betrieb.

Mein Vater, Leo Haberer, war geboren am 10.6.1887, er war also bei seiner Auswanderung im Dezember 1938 schon 51 Jahre alt. Zur damaligen Zeit war er schwer leidend und zwar ausschließlich aufgrund der Verfolgung. Er war im November 1938 zur Zeit der sogenannten Kristallnacht von den Nazis aus dem Bett geholt worden, wo er mit Ischias lag, und war gezwungen worden, mit anderen Juden zusammen sich auf einem Lastwagen der brüllenden und johlenden Menge auszusetzen und den Mißhandlungen der bewachenden Nazis zu unterwerfen. Ich habe persönlich diese Szene nicht mit angesehen, da ich damals in England war. Mir sind aber die Einzelheiten geschildert worden. Vor allem kam mein Vater damals in das Konzentrationslager Dachau und wurde dort in weitgehendster Weise mißhandelt. Aus

Dachau kehrte er im Dezember zurück und es erfolgte dann die Auswanderung meiner Eltern. Ich traf meinen Vater in London wieder.

Ich habe ihn damals kaum wiedererkannt; er war überall verbunden, und während er vorher eine energischer, liebenswürdiger und kräftiger Mann war, trat er mir damals als ein gebrochener Mensch entgegen. Seit dieser Zeit hat mein Vater seine frühere Tatkraft, Umsicht und Elastizität nie wiedergewonnen. Er war und blieb ein in höchstem Maße arbeitswilliger, aber in seiner Kraft und Schaffensfreudigkeit gebrochener Mann. Wir hatten sogar Schwierigkeiten, als wir das Schiff in Southampton bestiegen, daß mein Vater auf das Schiff gelassen wurde; angesichts der Verbände, die damals noch wegen der im Konzentrationslager erlittenen zahlreichen Wunden notwendig waren, wurden Bedenken dagegen erhoben, daß er in diesem Zustande als kranker Mann auf das Schiff kommen dürfte. Unter Hinweis auf die Situation gelang es dann, diese Bedenken zu überwinden.

So sah sich der Erblasser genötigt, von Tür zu Tür Strümpfe zu verkaufen und hierfür einen ganz geringen Verdienst zu erzielen. Unter der Erfolglosigkeit, den gesundheitlichen Folgen der Konzentrationslagerhaft, insbesondere der Beschränkung der Hörfähigkeit und unter der Sprachunkenntnis litt der Erblasser in solchem Maße, daß seine psychische und physische Lage immer schwieriger wurde. Da er in New York keine regelmäßige Tätigkeit finden konnte, so ging er nach Philadelphia und wurde dort ungelernter Arbeiter in einer Herrenbekleidungsfabrik. Diese Tätigkeit, an die er sich, obwohl sie über seine physischen Kräfte ging, mit äußerster Energie klammerte, verlor er schließlich nach Kriegsausbruch, weil er noch die deutsche Staatsangehöriggkeit hatte und daher formal als feindlicher Ausländer galt, die Fabrik konnte ihn aus diesem Grunde nicht weiter beschäftigen. Er fand dann Tätigkeit in einem Ladengeschäft der Bekleidungsbranche, wo er mit dem Forthängen der anprobierten Kleider und ähnlichen Hilfsarbeiten beschäftigt wurde. Später ist er dann in New York wiederum als ungelernter Arbeiter in einer Fabrik tätig gewesen, eine Tätigkeit, die er verlor, kurz nachdem der Krieg vorüber war und die Fabrik sich auf Friedensproduktion umstellte. Im Juni 1946 war der Erblasser wiederum erwerbslos, er war damals 59 Jahre alt und durch die jahrelange wirtschaftliche Erfolglosigkeit sowie die über seine Kräfte gehende Fabrikarbeit weitgehend mitgenommen. Da er keine Stellung mehr finden konnte, so blieb ihm nichts anderes mehr übrig als von 1946 bis 1948 in New York eine Art Hausierhandel in Nähartikeln zu betreiben. Bei dem ungesunden Klima New Yorks ist diese Tätigkeit, die ihn dauernd auf den Beinen hielt und von ihm ständige Fahrten in New York verlangte, allmählich zu viel geworden, so daß er Ende 1948 nach California übersiedelte, wo eine Tochter von ihm lebte. Die Klägerin selbst folgte ebenfalls mit ihrem Ehemann nach California und betrieb dort eine Art von Studentenhaus. Bei dem Betrieb dieses Hauses half der Erblasser ihr bis zu seinem Tode.

(EF 3874)

HABERER, OTTO

Ich bin Jude und gehöre zum Kreis der von den Nazis Verfolgten. Ich bin am 13. August 1929 in Heidelberg geboren. Meine Eltern sind Max Haberer, früher Rechtsanwalt in Offenburg, und Laura Haberer. Unser letzter inländischer Wohnsitz vor der Auswanderung war Offenburg, Hauptstr. 72. Wir wanderten in die USA am 12.1.1938 ein.

Ich besuchte die Volksschule in Offenburg. Infolge Verfolgungsmaßnahmen wurde mir eine Ausbildung in Offenburg unmöglich gemacht. Mein Vater wurde von den Nazis rassisch sehr früh verfolgt und verhaftet. Diese Verfolgungsmaßnahmen wirkten sich auch gegen mich aus. Ich wurde von Mitschülern verschlagen, verachtet und geächtet. So habe ich die Volksschule notgedrungen verlassen. Ich nahm die unterbrochene Ausbildung in New York wieder auf.

Ich hatte ursprünglich die Absicht, Rechtsanwalt zu werden und mit meinem Vater zu praktizieren. Durch die Verfolgung sind alle Pläne zunichte gegangen. Ich mußte rechtzeitig meine Eltern mit ernähren, da diese vollkommen verarmt waren. Mein Vater war außerdem die ganze Zeit nach seiner Auswanderung krank. Er ist zwischenzeitlich gestorben und ich ernähre meine Mutter, die trotz vorgeschrittenem Alter selbst noch arbeiten muß. Ich hatte einen Bruder, der tot ist.

(Kommentar Rechtsanwalt Meyer): Der Vater des Antragstellers, Rechtsanwalt Dr. Max Haberer, war ein hochangesehener Kollege, der von den Nazis buchstäblich durch den Dreck gezogen wurde. Er verlor alles, was ein Mensch besitzen kann auf dieser Erde: seine Gesundheit, seine Stellung, sein Vermögen, sein Einkommen und zeitweise seine Freiheit durch Nazihaft. Er mußte nach seiner Auswanderung das miserabelste Leben führen, das man sich vorstellen kann. Er war körperlich und seelisch gebrochen. Durch manuelle Arbeit und durch Hausieren mußte er sich ein paar Groschen verdienen. Seine Frau mußte sich als Dienstmagd verdingen.

(EF 10572)

Geheime Staatspolizei Karlsruhe, 19.6.1940, an Landrat Offenburg:
Dem Juden Dr. Max Haberer, geb. am 27.7.93 in Friesenheim, des-
sen Ehefrau Laura, geb. Wertheimer, geb. am 16.4.96 in Altdorf und
Kinder Martin, geb. am 5.2.25 in Heidelberg, und Otto, geb. 13.8.29
in Heidelberg, zuletzt wohnhaft gewesen in Offenburg, ist durch
Bekanntmachung des Herrn Reichsministers des Innern...die deutsche
Staatsangehörigkeit aberkannt worden.

HABERER, THEKLA, GEB. WERTHEIMER

Die Antragstellerin wurde am 19.2.1896 als Tochter der jüdischen Eheleute Viehhändler Leopold und Rosa Wertheimer, geb. Bloch, in Kippenheim geboren. Am 8.7.1919 trat sie in den Ehestand. Ihr Ehemann gründete 1922 in Offenburg ein Manufakturwarengeschäft. Dieses Geschäft wurde später auch auf Möbel ausgedehnt. Die Antragstellerin war zusammen mit ihrem Ehemann in der Leitung des Geschäfts tätig. Ihr Ehemann war drei Monate in Haft. Während und nach dieser Zeit mußte die Antragstellerin allein den Geschäften vorstehen. Der Ehemann wurde allein verhaftet, kam später aber wieder frei. Diese Gelegenheit benutzte die Antragstellerin, mit ihrem Ehemann im Dezember 1938 nach USA auszuwandern. Durch die Verhaftungen lebte die Antragstellerin ständig in Angst und Sorge. Sie rechnete stündlich damit, daß auch sie den gleichen Leidensweg gehen müsse, wie die meisten ihrer Rassegenossen. Dadurch hat sie sich erhebliche Gesundheitsschäden zugezogen.

(EF 11198)

HAMMEL, GERTUDE

Ich, Gertrude Löwenthal, geb. Hammel, geboren am 16.März 1909 in Freistett in Baden bei Kehl, zuletzt in Deutschland wohnhaft in Offenburg, Sofienstr.3, erkläre:

Ich besuchte nach Absolvierung der Volksschule die Handelsschule. Später arbeitete ich im väterlichen Geschäft Simon Hammel in Offenburg. Ich erledigte die Buchhaltung und Korrespondenz. Mein Monatsverdienst belief sich auf 200 Reichsmark. Die politischen Verhältnisse zwangen mich, im Januar 1938 nach den Vereinigten Staaten auszuwandern. Die Auswanderung verursachte mir erhebliche Kosten.

(EF 10858)

HAMMEL, INGE

Insoweit als wir als Kinder der durch Deportation nach dem Osten, die am 3.9.1942 von Rivesaltes aus erfolgte, Ansprüche auf Schäden am Leben als Kinder des Julius Hammel und der Irma Hammel, geb. Hammel, geltend zu machen haben, da unsere Eltern durch national-sozialistische Gewaltmaßnahmen vorsätzlich getötet wurden, werden die Entschädigungsansprüche geltend gemacht.

Nach ihrem Schulabgang im November 1938 hat Inge Hammel keine Schulausbildung mehr erhalten, da es aus den geschilderten Umständen unmöglich geworden war, als jüdisches Mädchen Aufnahme in einer Schule oder Lehre zu finden. Sie konnte ebenfalls nichts anderes tun, als bis zu ihrer im Oktober 1940 erfolgten Deportation im Haushalt der Eltern (Friedrichstr. 12) mitzuhelfen. Sie wurde dann zusammen mit den Eltern und der Schwester nach Gurs deportiert und blieb dann nach ihrer Entlassung ebenfalls in Frankreich, ohne dort die Möglichkeit zu haben, eine Ausbildung zu erhalten. Sie kam dann im Sommer 1946 gemeinsam mit ihrer Schwester in die Vereinigten Staaten, wo sie eine Stellung im Haushalt annahm, da sie keinerlei Ausbildung für einen Beruf erhalten hatte.

(EF 4711)

HAMMEL, SIMON
25.12.1867 - GURS 16.12.1940

Ich war in Deutschland wohnhaft gewesen in Achern und habe sehr viele Geschäfte getätigt mit Herrn Simon Hammel aus Offenburg, der eine sehr gut gehende Viehhandlung in Offenburg betrieb. Herr Hammel war sowohl bei seinen Kunden als auch bei seinen Kollegen sehr beliebt und galt überall als reeller und tüchtiger Geschäftsmann, dessen Geschäft sehr gut ging. Herr Hammel ist auch stets seinen Zahlungsverpflichtungen prompt nachgekommen. (1956)
(EF 4647)

KAHN, BERNHARD
22.10.1871 - AUSCHWITZ SEPT. 1942
KAHN, SIEGMUND
11.6.1876 - GURS 1.12.1940

Der Kaufmann Bernhard Kahn war zusammen mit seinem Bruder Siegmund Inhaber der Firma Gebr. Bloch Nachf. Offenburg, Hauptstr. 85, ein Einzelhandelsgeschäft in Manufakturwaren und Aussteuerartikeln. Es handelte sich um das älteste Handelsgeschäft im Amtsbezirk Offenburg. Das Geschäft war bereits am 20.9.1863 im Alten Badischen Gesellschaftsregister eingetragen. Es war eine OHG. Das Geschäftskapital kann nicht mehr zahlenmäßig genau angegeben werden. Das Geschäft tätigte in den ganzen Jahren von 1902 bis nach der Machtübernahme einen außerordentlich lebhaften Umsatz als führendes Aussteuerhaus, der mit schätzungsweise durchschnittlich 250.000 – 300.000 RM im Jahr angegeben wird. Das Geschäft hatte einen sehr umfangreichen und festen Kundenstamm. Es befindet sich in bester Geschäftslage Offenburgs. Die Geschäftsinhaber waren als seriöse und zuverlässige Geschäftsleute allgemein bekannt und angesehen. Infolge der Zwangsmaßnahmen mußte das Warenlager sowie die Geschäftseinrichtung zum Buchwert an den Kaufmann Emil Tischer, Offenburg, veräußert werden, der später auch das Hausgrundstück erwarb.

Die Hilfsbereitschaft und das Geschäftsgebaren der beiden Familien Kahn sicherten ihnen nicht nur einen großen Kundenkreis, sondern verschaffte ihnen auch die Hochachtung der hiesigen Bürgerschaft.

Dies war der Grund, weshalb sich nach 1933 der Druck der örtlichen Machthaber gerade dieser Firma in besonderem Maße zuwandte und die Inhaber schon relativ früh, nämlich anfangs 1937, sich gezwungen sahen, das Geschäft an einen von ihnen selbst ausgesuchten Arier, den Kaufmann Emil Tischer zu verkaufen.

(EF 4763)

KAHN, CARL

3.9.1873 - BRASILIEN 1960

Herr Carl Kahn ist im April 1939, also als Mann mit 69 Jahren, in ein fremdes Land ausgewandert. Er ist der Sprache der Wahlheimat nicht mächtig. Eine geschäftliche Tätigkeit konnte er nicht mehr ausüben.

Seit der Wegnahme seines Betriebes in Offenburg ist er bis heute ausschließlich auf die Unterstützung seiner Kinder angewiesen.

(EF 5008)

KAHN, ELLEN

GEB. HABERER

Ich wurde am 27. März 1926 als Tochter des Kaufmanns Leo Haberer und seiner Ehefrau Thekla, geb. Wertheimer in Offenburg geboren. Ich besuchte in Offenburg drei Klassen der dortigen Volksschule. In 1935 mußte ich die Volksschule wegen antisemitischen Ausschreitungen der Mitschüler und Rassenverfolgung eines Lehrers, der ein SS-Sturmbannführer war, und der mich getreten hatte, verlassen. Auf eindringliches Bitten von Seiten meiner Mutter gab das Katholische Lehr- und Erziehungsinstitut in Offenburg mir Erlaubnis, dem Unterricht an der Handelsschule beizuwohnen. Im Jahre 1937 wurde mir auch dieser Weg zum Studium versagt. Im Dezember 1938 wanderte ich mit meinen Eltern und meiner Schwester nach den USA aus.

(EF 11461)

KAHN, LUDWIG
17.7.1895 – USA

KAHN, LEOPOLD
4.12.1860 – THERESIENSTADT 6.9.1942

Der früher in Offenburg wohnende Antragsteller Ludwig Kahn begab sich im August des Jahres 1939 mit seiner Ehefrau Helene, geb. Kaufmann, und den beiden Söhnen Herbert und Thomas nach England. Von dort übersiedelte er mit seiner Familie im Jahr 1947 nach den USA. (EF 11282)

Wiedergutmachungsansprüche von Ludwig Kahn, früher in Offenburg, jetzt in New York 24.

Herr Kahn gibt an, daß er laut Aufstellung vom 23.4.39 folgende Bankguthaben in Offenburg gehabt habe: (...)

Ferner macht Herr Kahn als Mitinhaber der früheren Firma Adolf Kahn, Zigarrenfabrik in Offenburg, geltend, daß der Verkauf dieser Firma an den Käufer Julius Krämer in Friesenheim, unter politischem Druck erfolgt ist. Herr Kahn ist auch Miterbe des früheren in Offenburg, Okenstr. 3, wohnhaft gewesenen Leopold Kahn, dessen Sohn er ist. Leopold Kahn ist nach Theresienstadt verschleppt worden und dort gestorben.

(1948:) Es erscheint auf Vorladung Frl. Anna Götz und gibt an: Ich war von 1935 bis 1942 Haushälterin bei der Familie Kahn. Von der Wohnungseinrichtung des Herrn Leopold Kahn wurden durch die Tocher Flora eine Reihe von Möbelstücken verkauft. Einiges wurde durch die Tochter nach Karlsruhe verbracht. Als Herr Kahn deportiert wurde, waren nur noch zwei Zimmer vorhanden, und zwar: 2 Korbsessel, 1 Tischchen, 1 Sofa mit Aufsatz, 1 Buffet, 1 Ausziehtisch mit 6 Stühlen, 1 Fenstermantel, 1 Schreibtisch, 1 weisser Schrank, 1 Bett (die Matraze wurde mitgenommen), 1 Waschkommode, 1 Nachttisch, und verschiedene Haushaltsgegenstände. Von der Gestapo wurden geholt: 1 Ledersofa, 1 Clubsessel, 1 Perserteppich, 2 Koffer. Die zurükkgebliebenen Möbel wurden versteigert, ich kann keinerlei Angaben machen, wer die Möbel gekauft hat. Silbersachen und einige Andenken hat Herr Kahn Dr. Wiegand gegeben, diese Sachen sind am Bahnhof bei einem Bombenangriff bei der Firma Becht & Gehringer restlos vernichtet worden.

Abschrift: Vertrag zwischen den Zigarrenfabriken Julius Krämer, Friesenheim, und der Firma Adolf Kahn, Inhaber Ludwig Kahn und Hans Kahn, Zigarrenfabrik in Offenburg.

§1 Krämer übernimmt von Kahn nachstehend angeführte Aktiven sowie die Rohstoffkontingente. Er verpflichtet sich, den Betrieb weiter zu führen und die Gefolgschaft zu übernehmen. Krämer erhält das Recht, den Firmennamen weiter zu führen. (...) Krämer verpflichtet sich, das in Offenburg gelegene, von Kahn bisher als Fabrikationsstätte benutzte Fabrikgebäude Okenstr. 57, Eigentümer Leopold Kahn, auf die Dauer von drei Jahren zu pachten; das Pachtverhältnis wird in einem besonderen Vertrag geregelt.

(1954:) Leopold Kahn, der alt und allein in Offenburg zurückgeblieben war und zu jener Zeit erkannt hatte, daß die Naziregierung ihn um sein ganzes Vermögen zu bringen beabsichtigte, faßte den Entschluß, eine Schenkung von RM 100 000.- an Frau Dorothea Siegler, damals in Offenburg zu machen. Die Absicht war, auf diese Weise sein Vermögen vor Beschlagnahme zu bewahren und es später seinen im Ausland lebenden Kindern zukommen zu lassen. Eine entsprechende Vereinbarung war mit Frau Siegler getroffen worden, die auch in der Tat nach dem Krieg auf jeden Anspruch aus dem Testament verzichtete. Die Schenkung von RM 100.000.- hatte stattgefunden. Sie wurde ebenfalls rückgängig gemacht.

(EF 5288)

KAHN, HANS
14.8.1901 - USA 10.8.1962

Ich hatte in Offenburg eine sehr gut gehende Zigarrenfabrik (Firma Adolf Kahn), deren hälftiger Teilhaber ich war. Sie warf uns ein sehr erhebliches jährliches Verdienst ab. Ich war, wie alle jüdischen Zigarrenfabrikanten, durch die Abschneidung des Auslandstabakskontingents gezwungen, die Fabrik zu verkaufen, was im August 1938 geschah. Ich habe dann 1 Jahr lang keinerlei Tätigkeit ausüben können und dürfen. Ich war dann von Ende 1940 ab als Fabrikarbeiter mit dem Minimallohn eines ungelernten Arbeiters hier in New York tätig und zwar bis Mitte 1942. Seither habe ich ein ganz unbedeutendes Geschäft in Lederartikeln, das mir nur eine sehr kleine Existenz ermöglicht.
(EF 5290)

KAHN, HEDWIG,
GEB. HAMMEL

Aus dem aam 31.3.1938 ausgestellten Schulabgangszeugnis der Volksschule Offenburg ergibt sich, daß Frau Hedy Kahn, geb. Hammel, am 22.2.1924 geboren wurde und die Volksschule in Offenburg von Ostern 1930 an besuchte. Das Abgangszeugnis besagt dann weiter, daß Frau Kahn seit Ostern 1927 Schülerin der Klasse VIIIa war. Es ist jedoch offensichtlich, daß hier ein Schreibfehler vorliegt und sie seit Ostern 1937 Schülerin der VIIIa Klasse gewesen ist. Infolge der Boykott- und Verfolgungsmaßnahmen gegen die Juden ist es im Jahr 1938 für ein jüdisches Mädchen völlig unmöglich gewesen, Aufnahme in einer Schule oder einer Lehre zu finden. Die Mandantin konnte also von der Zeit ihrer Schulentlassung Ostern 1938 bis zur Deportierung im Herbst 1940 nichts Anderes tun, als im Haushalt ihrer Eltern zu helfen. Ich darf wohl annehmen, daß Ihnen bekannt ist, daß die Mandantin dann im Oktober 1940 zusammen mit den Eltern und den anderen badischen Juden nach dem Lager Gurs, Südfrankreich, deportiert wurde und daß sie bis zum Juli 1946 in Frankreich war, ohne die Möglichkeit gehabt zu haben, dort irgend eine Ausbildung zu erhalten. Im Sommer 1946 gelang es dann meiner Mandantin, nach den Vereinigten Staaten aus-zuwandern. Da sie jedoch keinerlei Ausbildung für irgendeinen Beruf erhalten hatte, blieb ihr nichts anderes übrig, als hier in New York eine Stellung als Arbeiterin anzunehmen.

Antragstellerin gibt an, daß sie bis zur Verfolgung immer gesund gewesen sei. Sie hat im Lager Rivesaltes Gelbsucht gehabt mit einer sehr langen Rekonvaleszenz. Sie hat sich angeblich niemals davon vollstän-dig erholt. Schon in Gurs begann sie über arthritische Beschwerden zu klagen, zuerst in den Kniegelenken, die schmerzhaft und geschwollen waren, später in anderen Gelenken.
(EF 4712)

KAHN, META, GEB. MACHOL

Auskunft Internationaler Suchdienst 1962:

Geb. 15.5.1886 in Ettlingen, zuletzt wohnhaft Offenburg, Hildastr. 57a, evakuiert am 22.10.1940 nach Gurs, am 13. Sept. 1942 mit Transport Nr. 5 vom Lager Rivesaltes in das Sammellager Drancy eingeliefert und von dort am 16. Sept. 1942 nach Auschwitz überstellt. Ein Todesnachweis liegt nicht vor.

(EK (=Karlsruhe) 33797/A)

KAHN, DR. WALTER

13.2.1899 - ?

Der Antragsteller wurde nach der sogenannten Machtübernahme durch den Nationalsozialismus wegen seiner jüdischen Abstammung und seiner politischen Haltung als Sozialdemokrat verfolgt. Die Zulassung zur Rechtsanwaltschaft wurde ihm entzogen. Da seine Verhaftung drohte, verließ er Deutschland im März 1933. Er lebte zunächst in Frankreich und wanderte nach Kriegsausbruch in die Vereinigten Staaten aus. Der Antragsteller hatte aus seiner Anwaltspraxis in Offenburg ein jährliches Einkommen von ca. 15 – 19.000 RM. Während seines Aufenthaltes in Frankreich hatte er keine Erwerbstätigkeit ausüben können und kein Einkommen erzielt.

Der Unternehmer hatte ein Office auf der Hauptstr. 57, bestehend aus mehreren Diensträumen als Kanzlei, wo die Akten, Registratur, Officemaschinen der Praxis und die Bibliothek aufgestellt waren. Die Bibliothek war plaziert in einem Bücherschrank, welcher zu einem modernen Herrenzimmer gehörte. Alle Großen Kommentare wie Staudinger, Staub HG, GB, Reichsgerichtsräte-Kommentare waren in der Bibliothek, eine Unmenge juristischer Literatur und Rechtsprechung, wissenschaftliche juristische Literatur von unbegrenztem Wert. Als der Geschäftsinhaber im April 1933 Deutschland verließ, um zu emigrieren, blieb die gesamte Einrichtung zurück sowie sein Haus Wilhelmstr. 14, deren 2. Stock-Wohnung von Dr. Kahn bewohnt und inventarisiert war. Die Nazis übernahmen das ganze Inventar, die bewegliche und die unbewegliche Habe. Die Praxis ist im April 1933 zum Stillstand gekommen, das Personal wurde entlassen. (1956)

(EF 3736)

KLEEBERG, ISIDOR
19.6.1874 - THERESIENSTADT 24.11.1942

Kleeberg, zuletzt wohnhaft Straßburgerstr 3, Offenburg, wurde am 11.11.1938 in das KL Dachau eingeliefert, entlassen am 5.12.38. Am 23.8.1942 wurde er von der Gestapo Württemberg-Baden mit Transport Nr. XIII/1 in das Lager Theresienstadt eingeliefert. Dort ist er am 24.11.1942 verstorben.

Jakob Frasch, 1957: „Das Anwesen Straßburgerstr. 3 habe ich 1939 gekauft. Der frühere Hausbesitzer war ein gewisser Jude Weil, der aber schon verstorben ist. Als ich das Haus gekauft habe, war der Kleeberg schon hier wohnhaft. Er bewohnte zwei Zimmer und eine Küche. Außerdem hatte er noch Keller- und Speicheranteil. Was Kleeberg von Beruf war, kann ich nicht sagen. Ich weiß auch nicht, ob er über ein größeres Vermögen verfügt hat, aber er hat seine Miete immer pünktlich bezahlt. Die Möglichkeit, daß er eine Geige hatte, kann bestehen, denn ich habe ihn ab und zu spielen hören. Er mußte von Amts wegen die Wohnung hier räumen und eine Wohnung bei dem Juden Kahn in der Okenstrasse 3 beziehen."

Otto Rest: „Kleeberg war mir bekannt, er hat vor dem Krieg in dem Anwesen gewohnt. Befreundet war ich nicht mit ihm, ich habe ihn nur so als Mitbewohner des Haues gekannt."

Elisabeth Netzer: „Kleeberg war Händler. Wie ich mich noch erinnern kann, hat er mit Bodenwachs gehandelt, das er selbst hergestellt hat. Er war ein armer Händler. Ich weiß das daher, weil ihm seine Frau immer Vorhaltungen machte, daß sie zu wenig Geld habe."

Siegfried Bernheimer: „Der Isidor Kleeberg war mir bekannt. Ich habe ihn 1934 kennengelernt. Kleeberg mußte amtlich seine Wohnung räumen und zu Kahn ziehen. Wie ich mich entsinnen kann, hat er dort nur ein Zimmer bewohnt. Kleeberg war Händler und hat mit allen Dingen gehandelt. Ich weiß bestimmt, daß er arm war, das sah man schon an seiner ganzen Aufmachung." (EF 7821)

Ein Schriftwechsel:

Fürsorgeamt Offenburg 1.11.1938:

Aufstellung der zur Zeit in städtischer Fürsorge stehenden Juden. Kleeberg, Isidor Eheleute, Zähringerstr. 3. Der Ehemann ist 64 Jahre alt und mußte auf 1.10.38 infolge gesetzlicher Bestimmungen sein Hausiergewerbe aufgeben. Vorläufig werden die Eheleute mit 8.-M wöchentlich unterstützt. Außerdem wird für die Miete mit 28 M ein Zuschuß von 20 M gewährt. Vorläufiger Monatsaufwand also 55.-M.

Oberbürgermeister Dr. Rombach an Kreisleiter der NSDAP Rombach, 18.11.1938:

Inzwischen wurde der Ehemann Kleeberg, ferner Max Adler und Ehemann Spitzer am 10.d.Mts. in Schutzhaft genommen, so daß bei Kleeberg sich die Unterstützung weiter ermäßigte. Der Fürsorgeausschuß hat sich in der gestrigen Sitzung dahingehend ausgesprochen, daß im Hinblick auf die gesetzliche Lage die Unterstützung in gekürzter Form bzw. unter dem Fürsorgerichtsatz weiter gewährt werden soll.

Kreisleiter an Oberbürgermeister, 22.11.1938:

Ich nehme an, daß in Bälde eine diesbezügliche gesetzliche Regelung erfolgen wird und würde Juden nur insoweit unterstützen, als ich gesetzlich dazu gezwungen werden könnte.

Im übrigen bin ich der Meinung, dass die Juden noch so viel Vermögen in Deutschland besitzen, dass sie ganz gut in der Lage sind, sich gegenseitig zu unterstützen.

(StA OG 5/5.070)

KRAMER, ILSE,

GEB. CAHN

Frau Ilse Kramer, geb. Cahn, war das einzige Kind der Eheleute Isidor Cahn. Sie war am 23.2.1905 in Offenburg geboren. Sie war schon vor 1933 von ihrem Mann, der in Mannheim lebte, geschieden und wohnte und arbeitete zusammen mit ihrer Mutter, Frau Johanna Cahn, im Schuhgeschäft Adler mit. An diesem Geschäft soll sie auch beteiligt gewesen sein. Durch den infolge der Boykottmaßnahmen gegen jüdische Geschäfte erzwungenen Geschäftsverkauf am 14.2.1936 ist Frau Cahn wie auch Frau Kramer im wirtschaftlichen Fortkommen geschädigt worden. Frau Kramer wurde damals in Stuttgart, wo sie zeitweilig nach der Geschäftsaufgabe als Hausgehilfin tätig war, verhaftet und deportiert.

Internationales Rotes Kreuz: Frau Ilse Kramer, letzter Wohnort: Stuttgart, wurde am 1. Dezember 1941 durch die Gestapo Württemberg-Hohenzollern nach Riga evakuiert.

(EF 11803)

LEDERER, JULIUS
27.2.1888 – USA

Der Antragsteller betrieb in Offenburg ein Elektrogroßhandelsgeschäft, das er im November 1938 verfolgungsbedingt aufgeben mußte. Die Ermittlungen haben ergeben, daß das Unternehmen vor Beginn der nationalsozialistischen Verfolgung die einzige Elektrogroßhandlung am Ort war. Neben dem Großhandel, dessen Gegenstand alle gängigen Elektroartikel und bis 1933 auch Nora-Rundfunkgeräte waren, war der Antragsteller in kleinerem Umfang auch als Einzelhändler tätig. Das Gewerbeunternehmen wurde in einem Ladengeschäft in der Steinstraße 24, das auch ein Schaufenster besaß, betrieben. Außerdem waren Lagerräume in der Gerber- und in der Langestrasse vorhanden. Neben dem Antragsteller und seiner Ehefrau waren mindestens zwei Angestellte beschäftigt. Für die Reisetätigkeit stand dem Antragsteller ein PKW zur Verfügung.

Der Antragsteller sah sich nach seiner Inhaftierung am 14.12.1938 gezwungen, das noch vorhandene Warenlager zu verkaufen.

Lederer, Martin Heinz

„Lederer Martin, Soldat, Maquis Roland (Aveyron): Mutiger Soldat. Aktives Mitglied der Widerstandsbewegung, wurde gefangengenommen in St.Geniez am 20. Juli 1944, von den Deutschen gefoltert, hat dem Feinde nichts verraten. Flüchtete aus dem Gefängnis von Mende (Lozère) und nahm seinen Platz als Kämpfer wieder ein. Hat immer einen unbeugsamen Willen gezeigt. Diese Zitation schließt die Zusprechung des Kriegskreuzes mit silbernem Stern mit ein. Region XVI Hauptquartier, 8.5.1945"

Martin Lederer ist am 27.9.1920 als ehelicher Sohn des Kaufmanns Moritz Lederer in Diersburg geboren. Im Jahre 1922 zogen die Eltern nach Offenburg, wo sie bis zu ihrer im Herbst 1933 erzwungenen Auswanderung ein Textil-Etagengeschäft betrieben. Martin L. besuchte bis zum 10. Lebensjahr die Volksschule in Offenburg, dann bis zur Auswanderung die Oberrealschule, jetzt Schillergymnasium in Offenburg.

Der Antragsteller ist als Jude aus Gründen der Rasse durch nationalsozialistische Gewaltmaßnahmen verfolgt worden. Aus Verfolgungsgründen wanderten seine Eltern mit ihm im Jahre 1933 nach Frankreich aus. In Straßburg trat Martin Lederer nach einer gewissen Unterbrechung in ein dortiges Lyceum ein. Die materiellen Schwierigkeiten des Vaters, der sich in Straßburg keine richtige Existenz mehr gründen konnte, zwangen den Antragsteller schließlich dazu, sein Schulstudium zu unterbrechen. 1936 trat Martin L. in eine Straßburger Eisenwarenhandlung ein und blieb dort bis zum Kriegsausbruch. Nach einer kurzen Dienstzeit bei der Fremdenlegion von 1939 bis 1940 wurde er vom 17.6.1941 bis Ende Dezember 1942 in einem Arbeitslager des „Travailleurs Etrangers" in Chancelade festgehalten, von wo aus ihm die Flucht gelang. Er lebte danach in der Illegalität unter falschem Namen und trat im Juni 1944 der französi-

schen Widerstandsbewegung bei. Ende Juli 1944 wurde er von der Gestapo verhaftet und wegen Aussageverweigerung körperlich mißhandelt. Anfang August 1944 gelang ihm die Flucht. (1957) Er denkt immer an die Vergangenheit und an das Leben, das er früher in seiner Familie hatte. Er ist entmutigt und hat mitunter kein Interesse am Leben. Er macht große Anstrengungen in seinem sozialen Leben, aber er ermüdet sehr schnell, besonders ist seine Konzentration nicht gut. (1966)
(EF 10382)

LEFF, JAKOB
29.12.1899 - ISRAEL 1946

Ich, Metislaus Lindner, kannte Herrn Leff seit 1932. Um diese Zeit ist er aus Johannisburg, wo er in der Fischereigenossenschaft seines Vaters als Buchhalter tätig war, nach Offenburg gekommen. Ich habe Herrn Leff als Aushilfsbuchhalter an Stelle seines erkrankten Schwiegervaters, der bis zu dieser Zeit den Posten in meiner Firma bekleidete, angestellt und hat Herr Leff bei mir ca. ein Jahr lang gearbeitet. Sein monatliches Gehalt hat RM 250,- betragen.

Herr Jakob Leff hat am 25.4.1933 Deutschland verlassen und ist nach Paris gefahren, um dort seine Einreisepapiere nach Palästina abzuwarten. Ich bin ihm erst nach meiner Einwanderung im Jahre 1935 in Palästina wieder begegnet.

Herr Leff war die ersten Jahre nach seiner Einwanderung als Gelegenheitsarbeiter beim Bau beschäftigt und war sehr oft arbeitslos. Durch die mit seiner Auswanderung verbundenen Aufregungen hat seine Gesundheit stark gelitten und war er dieser schweren physischen Arbeit nicht gewachsen. In den letzten Jahren war er in der Administration des Palestine Orchesters tätig. Herr Leff ist 1946 in Israel einem Herzanfall erlegen.

(EK 33928/A)

Ich heiße Rina Erera, geb. Leff und bin am 17.2.1929 als Tochter der volljüdischen Eltern Jakob Leff und seiner Frau Bela, jetzt verh. Schindler, geb. Schilklapper in Johannisburg in Ostpreußen geboren. Meine Eltern haben ungefähr im Jahr 1928 geheiratet. Die Ehe war von seiten des Vaters die erste und einzige, während meine Mutter sich nach seinem Tode wieder verheiratete.

Im Zuge der ersten Verfolgungsmaßnahmen zog ich mit meinen Eltern zunächst nach Offenburg (Baden) und von dort 1934 weiter nach Paris. Hab und Gut mußten wir in Offenburg zurücklassen. Als kleines Kind wurde ich in Paris sehr oft krank. Geld für ein Hotel konnten meine Eltern nicht aufbringen. Betreut wurden wir von der französischen Flüchtlingshilfe. Im Zustand der Krankheit und völlig verarmt flüchteten wir Ende 1934 nach Palästina.

(EK 33927/A)

LEVI, GUSTAV
2.3.1886 - USA 1948

Die Familie Levi ist über Holland ausgewandert, ist dort aber nur ca. 6 Monate geblieben, weil Herr Levi keine Arbeitsmöglichkeit fand. Er war in Holland von den Schwiegereltern seines Schwagers Eugen Baum unterhalten worden. Ende 1938 ist die Familie dann nach den Vereinigten Staaten weiter gewandert. In seinem Beruf konnte Herr Levi dort auch nicht arbeiten und hat sich durchgeschlagen, indem er mit Unterwäsche hausieren ging. Sein Einkommen lag dabei unter dem zur Steuer veranschlagten Einkommen. Auch der Sohn, der im Jahr 1925 geboren ist, hat seinen Eltern geholfen. Er ging zur Schule, hat aber Abends von 6 bis 10 Uhr in einem Geschäft gearbeitet und dabei etwas verdient. Der Sohn wurde dann Soldat und hat während der ganzen Mobilisierung den Eltern den gesamten Lohn geschickt. Die Kosten des gesamten Haushaltes werden jetzt von dem Bruder von Frau Klein-Levi, Herrn Eugen Baum, getragen. Herr Gustav Levi war seit dem Jahr 1946 schwer nervenkrank. Er mußte eine Nervenheilanstalt aufsuchen und ist in dieser im Jahr 1948 auch verstorben. Frau Levi hat dann wieder geheiratet. Ihr 2. Mann ist ein österreichischer Jude, der ebenfalls vom Nationalsozialismus schwer verfolgt worden ist, aber als Österreicher bisher keine Wiedergutmachungsleistung erhalten hat. Er war mit seiner 1. Frau nach Schanghai ausgewandert und ist dann von dort nach dem Krieg nach den Vereinigten Staaten weiter gezogen. Frau Levi ist selbst sehr krank und befindet sich in ärztlicher Behandlung. Da es in den Vereinigten Staaten nicht das System der Krankenversicherung gibt, ist jede Erkrankung dort ein doppeltes Unglück. (1955)
(EF 5257)

LINDNER, SALOMON

Ich bin geboren am 10. August 1907 in Brzesko, Polen, und bin jüdischen Glaubens.

Zur Zeit meiner Geburt war ich polnischer Staatsangehöriger. Ich besuchte die Volksschule in Brzesko und das Gymnasium in Wien, Österreich. Nach Absolvierung des Gymnasiums kam ich für 1 1/2 Jahre auf die Universität und begann dann zu arbeiten. 1930 verließen wir Österreich und kamen nach Deutschland. Meine letzte Adresse in Deutschland war Offenburg, Augustastr. 10. In Offenburg war ich Teilhaber in einem Laden der bekannt war als „Moritz Lindner". Die anderen Eigentümer waren meine Mutter, Pauline Lindner, und mein Bruder Metislaus. Der Laden war eröffnet worden durch meinen Vater Moritz. Nach seinem Tod 1931 übernahmen meine Mutter, mein Bruder und ich den Laden, jeder hatte 1/3 Anteil und der Gewinn wurde auch gedrittelt. Er war als Teilzahlungsgeschäft für Wäsche und Konfektion ein bekannter Laden und lag in der Schlossergasse 2. Außer den Teilhabern arbeiteten noch 3 oder mehr andere Personen im Laden. Ab 1933 sanken die Verkäufe, weil es ein jüdischer Laden war und die Kunden ihre Schulden nicht mehr bezahlten aus diesem Grunde. Am 22. Sept. 1933 wurde ich in Offenburg verhaftet und bis 11. Okt. 1933 in Arrest gehalten, dann wurde ich aus Deutschland verwiesen. Wir waren deshalb gezwungen, das Geschäft zu verkaufen und so schnell als möglich zu liquidieren. Während das Inventar bestimmt einen Wert von 12.000 RM hatte wurde es für ungefähr 6.000 RM verkauft und die Zahlungsansprüche gegen die Kunden in Höhe von 15.000 RM gingen verloren. Als das Geschäft noch bestand, war der jährliche Gewinn 60.000 RM.

Nachdem wir gezwungen waren, Deutschland zu verlassen, kamen wir nach Straßburg Anfang 1934 und blieben dort 6 Monate. Mein Bruder und meine Mutter gingen zu jener Zeit nach Wien und dann nach Palästina. In Frankreich hatte ich kein Einkommen und keine

Möglichkeit, etwas zu verdienen. Ende 1934 ging ich nach Wien und ging auf die Croupier-Schule für 9 Monate. Während dieser Zeit hatte ich keine Einnahmen und dann arbeitete ich als Croupier in Baden bei Wien. Im Juli 1938 kam ich nach Belgien, wo ich bis April 1940 blieb, in der Erwartung eines Permess für die Vereinigten Staaten. Auch in Belgien hatte ich kein Einkommen und war außerstande zu arbeiten. Im April 1940 ging ich nach St. Nazare und nahm das französische Boot „Champlain" nach New York. Dort kam ich im April 1940 an und kam dann per Zug nach Chicago.

Seit meiner Ankunft in den USA habe ich in Kolonialwaren und Delikatessengeschäften gearbeitet, auch in solchen wie Hillman's Gold Star. Während ich mit einem Gehalt von 25 Dollar die Woche begann, stiegen meine Einnahmen so, daß ich jetzt 100 Dollar die Woche verdiene.

Ich bin amerikanischer Staatsbürger seit 1943.

(EF 11256)

LION, ANNA

GEB. BAMBERGER (3.2.1903 - ?)

Die Antragstellerin begehrt Entschädigung wegen Schadens an Körper und Gesundheit. Sie ist jüdischer Abstammung. Um nationalsozialistischen Gewaltmaßnahmen zu entgehen, wanderte sie 1939 von Offenburg nach Frankreich aus. Als ihr hier 1942 Verhaftung und Deportation drohten, ging sie in die Illegalität und lebte mit ihrem Ehemann und ihrer Tochter ab Mitte August 1942 bis zur Befreiung durch die Alliierten im Versteck.

Ärztliches Gutachten: Frau L. wanderte gemeinsam mit ihrem Mann 1939 zu Verwandten in die Nähe von Paris aus. Ihr Mann wurde bei Kriegsausbruch inhaftiert und sie ging mit dem Kind beim deutschen Vormarsch auf die Flucht, bis nach Biarritz, Bauernhütte. Sie hielt sich dann fortwährend versteckt, bis sie dann von dem Lager St. Juery erfuhr und dort ihren Mann wiederfand. Nach einer angekündigten Suchaktion der Gestapo verbarg sie sich dann mit Kind und Mann in einer Rebhütte und blieb dort bis nach der Invasion. Am schlimmsten sei für sie und ihren Mann gewesen, daß sie die ganze Zeit von dem Schicksal ihrer in Mende bei einer Schneiderin untergebrachten Tochter nichts wußten. „Husten, Husten, nur Husten, speziell nachts. Es ist so ein Krampfhusten, der hatte sich erstmals in der Rebhütte eingestellt. Da bekam ich mit einem Mal einen starken Hustenanfall nachts. Mein Mann sagte, daß ich ganz blau wäre." (1959)
(EF 9970)

LION, RENATE

Ich bin 1928 als Tochter des s. Zt. Cigarrenfabrikanten Max Lion, Offenburg, geboren. Um persönlichen Verunglimpfungen und schweren Beleidigungen in der kleinen Stadt Offenburg zu entgehen, beschlossen meine Eltern, zeitweise nach Dresden zu ziehen, weil mein Vater hauptsächlich in Sachsen seine Kundschaft hatte. Ich hatte immer die Absicht zu studieren, woran ich aber durch die Verhältnisse gehindert wurde. In Dresden besuchte ich solange die staatliche Schule, bis diese den jüdischen Schülern verboten wurde. Daraufhin wurde eine jüdische Schule gegründet, aber auch diese mußte nach einiger Zeit geschlossen werden. Im Jahr 1939 wurden wir aus Deutschland verjagt. Wir wollte n nach Amerika auswandern, durch den Krieg kamen wir nur bis nach Frankreich, wo mein Vater in ein Camp kam und meine Mutter und ich ständig auf der Flucht vor denn Deutschen waren, wo wir bis Ende des Krieges unter unmenschlichen Verhältnissen versteckt waren. (1958)

(EF 9969)

MAIER, JAKOB UND FANNY

Der am 5. Mai 1880 geborene Jakob Maier war in Offenburg wohnhaft. Er wurde anläßlich der berüchtigten Kristallnacht im November 1938 nach Dachau verschleppt und war dort ca. 4 Wochen inhaftiert. Anschließend kam er wieder nach Offenburg zurück und wurde im Lauf des Jahres 1940 erneut deportiert. Er verweilte zunächst mehrere Monate in dem französischen Lager Gurs und kam von dort in das Lager Les Milles bei Marseille. Von dort wurde er überraschend nach Auschwitz deportiert und ist dort aller Voraussicht nach in den Gaskammern umgekommen. Der Sohn Hans-Louis Maier weilte damals in Afrika. Er stand von dort aus mit seinen Eltern teilweise in Briefverbindung. Etwa im Juli/August 1942 kamen seine Briefe mit dem Vermerk zurück: „Abgereist ohne Adresse", bzw: „Abgereist in besetztes Gebiet".

Die Mutter, Fanny Maier, geb. Bergheimer, ist am 21.3.1889 in Diersburg geboren. Sie wurde gemeinsam mit ihrem Mann Jakob nach Gurs deportiert und verweilte dort über ein Jahr. Von dort kam sie nach Marseille in ein Hotel, das unter Polizeiaufsicht stand. Sie wurde dann gemeinsam mit ihrem Mann nach Auschwitz deportiert. Es dürfte dies im August/September 1942 gewesen sein. Seit der Deportation fehlt jede Spur.

(EF 10451)

MAIER, SIEGFRIED UND EHEFRAU GERTRUD,
GEB. SPEYER

Maier, Arthur und Ehefrau Irma Rosa, geb. Beck

Wiedergutmachung für Siegfried Maier, Sparkasseninspektor, und für seinen Bruder Arthur Maier, Kaufmann in Offenburg, beide im Jahr 1940 nach Gurs verschleppt und daselbst mit ihren Ehefrauen kinderlos verstorben (nicht korrekt, s.u.)

Das Ehepaar Siegfried Maier hat in Offenburg, Otto Wackerstr. 5 gewohnt. Über den Verbleib der Wohnungseinrichtung konnte festgestellt werden, daß diese im Jahr 1940 in Offenburg öffentlich versteigert wurde. Ein Nachweis, in wessen Eigentum die Möbel übergegangen sind, kann deshalb nicht mehr erbracht werden, weil die Akten der Gerichtsvollzieherei und des Finanzamtes 1945 vernichtet worden sind. Nach einer Karteikarte des Finanzamtes betrug der Erlös der versteigerten Möbel 4.700,– RM. Dieser Betrag wurde dem Reich überwiesen.

Herr Maier war Finanzinspektor bei der Sparkasse in Offenburg, wurde dann mit seiner Frau und anderen Badischen Juden nach Gurs deportiert und von dort weiter 10.8.1942 ins Vernichtungslager Auschwitz nach Polen.

(EF 11842)

MEYER, MARIE,

GEB. LION, GEB. 10.8.1889 – USA 1950

Wohnhaft seit 1920 in Offenburg, 1940 nach Gurs deportiert, 1941 über Frankreich nach New York, dort 1950 gestorben.

Meine Schwiegermutter Marie Meyer, die ich seit ungefähr sechs Jahren kenne, ist krank und arbeitsunfähig. Vom ersten Tag an, da ich sie kenne, ist ihr Zustand mit der Inhaftierung im Lager Gurs in Zusammenhang gebracht worden. Die Krankheit meiner Schwiegermutter bedeutet für meine Frau Ruth Poryle, geb. Meyer, meinen Schwager Walter Max Meyer und für mich eine große Belastung. Wir müssen ihren Lebensunterhalt und die recht erheblichen Arzt-, Krankenhaus- und Behandlungskosten bezahlen.

(EK 7685)

MEYER, RUTH

GEB. WEISENBERGER

Hierdurch erkläre ich, jetzt wohnhaft in Argentinien: Ich bin am 16.11.1912 in Straßburg geboren. Meine Eltern übersiedelten dann nach Offenburg, wo ich die Schule besucht habe. Von 1919 bis 1923 besuchte ich die Volksschule, anschließend kam ich auf die Höhere Töchterschule, die ich bis 1927 absolviert habe. Anschließend kam ich auf die Höhere Handelsschule im Kloster Offenburg bis 1929. 1929 bin ich als Lehrling in das Geschäft meiner Eltern eingetreten, wo ich nach meiner Erinnerung einen Lohn von 45 RM hatte. Meine Mutter war damals schon Witwe. Nach Beendigung der Lehrzeit blieb ich im Geschäft, in dem ich sowohl als Verkäuferin wie im Büro tätig war. Meine Mutter betrieb mit ihrem Bruder zusammen ein Stoff- und Möbelgeschäft. Leider besitze ich weder Zeugnisse über meine Schulausbildung noch über meine Ausbildung als Lehrling im Geschäft meiner Eltern, da mir alle meine Papiere in der Emigration verloren gegangen sind. Ich muß insofern die Behörde bitten, meine Beweisnot anzuerkennen.

Durch die Umstände bedingt, konnte ich meine Lehrzeit nicht beenden, sondern ging 1934 nach Italien, wo ich mich 3 Monate aufhielt. Ich nahm eine Stelle an als deutschsprachiges Kinderfräulein bei einer Familie Bolla in Turin, Via Garibaldi. Dann mußte ich aus Gesundheitsgründen nach Offenburg zurückkehren. Um mich für die spätere Auswanderung vorzubereiten, machte ich einen Näh- und Zuschneidekurs mit bei einer Damenschneiderin namens Fuchs, damals Hildastraße. Eine geordnete Berufsausbildung konnte ich nicht mehr absolvieren. Ich bin dann im Jahr 1937 ausgewandert.

In Argentinien konnte ich infolge der völlig veränderten Lage, meiner Mittellosigkeit und wegen der mir bis dahin fremden spanischen Sprache meine versäumte Ausbildung nicht mehr nachholen. Ich habe nur Gelegenheitsarbeiten machen können.

(EF12189)

MEYER, WALTER
7.9.1915 - ?

Besuchte die Oberrealschule in Offenburg bis zum Einjährigen im April 1933. Hatte die Absicht, Doktor zu werden, konnte jedoch als Jude nicht mehr weiter studieren. Mußte mich dann umstellen und war in der Lehre für zwei Jahre (bis 1935) bei Adolf Spinner G.m.b.H., Kolonialwaren en Gros in Offenburg. Konnte als Jude nicht mehr bleiben und ging deshalb nach München und arbeitete für Glasgesellschaft München, was ein jüdisches Unternehmen war. Habe gereist für dieselbe Firma bis Ende 1937. Mein Gehalt einschließlich Spesen war RM 525 monatlich. War gezwungen, meine Stellung aufzugeben, da meine Kunden nicht mehr von jüdischer Firma kaufen durften. Ging zurück nach Offenburg, wo dann meine Familie Anfang 1938 nach Heidelberg zog. Konnte dann, solange ich in Deutschland war, keine Stelle mehr annehmen. Wurde am 10. November 1938 nach Dachau abtransportiert bis Dezember 1938. Verließ Deutschland bei Transport 12. April 1939 per Bahn bis Ostende und dann bei Schiff bis Dover (England), von Dover bis Sandwich per Bahn und war dann für 9 Monate ohne Bezahlung im Kitchener Camp (England), wo wir arbeiteten, um das Camp bewohnbar zu machen. Am 13. Dez. 1939 verließ ich England von Southampton per Holland Amerika - Linie mit Schiff S.S. Volendam und kam Dez. 30 in Amerika an. Schiffskarte wurde in Deutschland bezahlt.

Arbeitete zuerst als Nachtwächter in einer Whiskeydestillerie und später als Lagerhaushelfer bis Ende 1941. Nov. 1941 - 1945 US Army. Dann als Shipping-Clerk in Hardware bis 1948, dann Nähmaschinenoperateur bis 1952. Dann Reisender in frozen foods bis heute, nach erfolglosem Versuch 1952-53, mich selbständig zu machen.

Dadurch, daß ich meine Ausbildung nicht vervollständigen konnte, sind heute meine Verhältnismöglichkeiten so beschränkt, daß ich mit meiner Familie (Frau und 2 Kinder) in einem low-income-housing project wohnen muß. (EK 7489)

MEYER, RUTH, VERH. PORYLE
GEB. 11.12.1913 - ?

Die Antragstellerin verließ Deutschland wegen der Judenverfolgungen im September 1939. Sie fuhr mit der Eisenbahn von Heidelberg nach Rotterdam und von dort mit dem Dampfer, der am 14. Sept. in New York ankam. Der Berufsschaden begann bereits am 31.Dez.1933, als die Antragstellerin wegen ihrer jüdischen Abstammung ihren Posten als Bankbeamtin bei der Deutschen Bank und Diskonto-Gesellschaft in Offenburg verlor, wo sie nach vorheriger Absolvierung der Mädchen-Realschule bis zur mittleren Reife ihre Lehrzeit vom 15. April 1931 an erfolgreich durchgemacht hatte und dann als Beamtin angestellt worden war, da sie von 1930 bis 1931 auch die Höhere Handelsschule in Karlsruhe zwecks Ausbildung als Auslandskorrespondentin besucht hatte.

Das Gehalt der Antragstellerin als Bankbeamtin betrug wöchentlich 60 RM und sie hätte die üblichen Erhöhungen erhalten, wenn sie nicht als Jüdin hinausgeworfen worden wäre. Sie fand dann bis zur Auswanderung aus dem gleichen Grund in Deutschland keine Stellung mehr, ernährte sich in New York nur kümmerlich durch körperliche Arbeit im Haushalt, in Fabriken und Restaurants und war aus Geldmangel nie im Stande, ihre Ausbildung in USA soweit nachzuholen, daß sie wieder eine gleichwertige Stellung erlangt hätte.

(EK 11554)

MOCH, ROSA
27.7.1905 - AUSCHWITZ SEPTEMBER 1942

Unsere Schwester Rosel Moch wohnte in Offenburg. Dort wurde sie im Jahr 1940 im Zug der damaligen Kollektivaktion verhaftet und zunächst nach dem Lager Gurs deportiert. Sie war in verschiedenen Lagern und kam im Lager Auschwitz gewaltsam um. Dies erfuhren wir von dritter Seite.

(EF 9592)

MOCK, ERNST
3.12.1901 - ?

Ich, Ernst Mock, bin Jude und gehöre zum Kreis der von den Nazis Verfolgten. Ich war früher Alleininhaber der Fa. Johann Franz Kamuff, Rohtabake in Offenburg, Baden. Ich mußte mein Geschäft infolge Verfolgung aufgeben. Ich wanderte mit Frau und Kind im November 1938 nach USA aus. Ich habe einen großen Teil meiner Wohnungseinrichtung zurücklassen müssen.

(EF 8611)

MOCK, ROBERT

Ich bin am 3. Mai 1928 in Offenburg geboren. Mein Vater Ernst Jacob Mock und meine Mutter Charlotte Mock, geb. Geismar, sind beide jüdisch und wohnten in Offenburg, Wilhelmstrasse 6. Ich besuchte 3 Jahre die Offenburger Volksschule bis 1938. Nach diesem Zeitpunkt wurden die Verhältnisse in der Schule für mich unerträglich, worauf ich dieselbe verlassen mußte. Später sind wir als Juden gezwungen worden, Deutschland zu verlassen. Hier in Amerika war ich gezwungen, wegen Unkenntnis der Englischen Sprache in der ersten Klasse Volksschule wieder anzufangen.

(EF 8938)

NATHAN, ELLA, GEB. MANN
26.2.1878 - ?

Die Antragstellerin wanderte im Mai 1938 wegen Verfolgungsmaßnahmen gegen Juden von Offenburg nach den USA aus. Nach ihren Angaben fiel ihre Rente, die sie von der ärztlichen Versorgungskasse Baden erhielt, infolge der Emigration weg. Die Antragstellerin ist die Witwe des praktischen Arztes Dr. Josef Nathan. Im Zeitpunkt der Auswanderung hatte sie noch einen versorgungsärztlichen Anspruch von monatlich 100,- RM.

(EF 5580)

NATHAN, DR. PAUL

22.5.1898 - ?

Der Gesuchsteller war früher als praktischer Arzt in Offenburg tätig. Im Zuge der Verfolgungsmaßnahmen gegen die Juden wurde ihm im Jahr 1933 die Kassenpraxis entzogemn. Unter dem Druck der Verhältnisse wanderte er im Oktober 1935 nach USA aus. Er besaß damals kein reguläres Einreisevisum. Die Einreise erfolgte vielmehr mit einem sog. „Visitors-Visum„. Um dieses Visum zu erlangen, mußte der Antragsteller gegenüber dem amerikanischen Konsulat den Nachweis führen, daß er nicht nur die Überfahrt Hamburg-New York, sondern auch die Rückfahrt bezahlt hatte.

(EF 5610)

OBERBRUNNER, MARTHA

28.2.1890 - ?

Fürsorgeamt Offenburg an Oberbürgermeister, 1.11.1938:

Die mit der Judenfrage in Zusammenhang stehenden Angelegenheiten spitzen sich immer mehr zu. In der städtischen Fürsorge werden auch einige Juden noch unterstützt. Ich gebe nachfolgend hierüber eine Aufstellung mit der Bitte um Kenntnisnahme und ev. grundsätzlicher Entscheidung. Ich bemerke, daß in der Fürsorge-gesetzgebung nach dem jetzigen Stand die hilfsbedürftigen Juden von der Fürsorgepflicht der Fürsorgeverbände nicht ausgeschlossen sind. In der Praxis halten wir naturgemäß weitmöglichst zurück und nehmen auch im Gegensatz zu den arischen Hilfsbedürftigen bei der Bemessung der Unterstützung in starkem Maße Bezug auf die unsicheren und oft verschleierten Einkommens- und Vermögensverhältnisse der Juden und die Selbsthilfe der betreffenden Kreise und jüdischen Organisationen. Außerdem wurde in den neuen städtischen Fürsorgerichtsätzen vom Jahre 1937, Ziff.6 der Anmerkungen, folgende Bestimmugn neu eingeführt: „Bei erbkranken oder volksfremden (Juden, Zigeuner, Ausländer nichtdeutschen oder nicht artverwandten Blutes) oder gemeinschaftsuntüchtigen Familien, oder wenn schlechte Haushaltsführung oder mangelhafte Kinderversorgung vorliegt, kann eine Kürzung des Fürsorgerichtsatzes um bis zu 20 v.H. erfolgen"

Aufstellung der zur Zeit in städt. Fürsorge stehenden Juden:

(...)

Martha Oberbrunner, 48 Jahre alt, Tochter des verstorbenen Weinhändlers Eduard Oberbrunner, geisteskrank in der Anstalt Illenau, Verpflegungskosten durchschnittlich 90 M monatlich. Die geringfügige Verwandtenhilfe beschränkt sich auf gelegentliche Zuwendungen für Kleidung, Essen, usw. Weiteres Vermögen ist nicht mehr vorhanden.

(StA OG Akten Fürsorgeamt)

PLATZ, DR. JOSEPH

Antragsteller wurde am 11.4.1905 als Sohn des Kaufmanns Jakob Platz und seiner Ehefrau Rosa, geb. Rosenthal, in Köln geboren. Er ist von beiden Seiten jüdischer Abstammung.

Da der Vater des Antragstellers, welcher in den ersten Jahren der ersten Weltkrieges in Deutschland und Belgien Heeresdienst geleistet hatte, bereits im Januar 1917 gestorben ist, konnte der Antragsteller seine ursprüngliche Absicht, Medizin zu studieren, zunächst nicht ausführen. Er trat im Jahr 1923 bei der Darmstädter- und Nationalbank als Lehrling ein und arbeitete dort etwa 2,5 Jahre.

Erst im Jahr 1926 konnte er sein Studium beginnen und studierte Medizin an den Universitäten Köln und München. 1931 bestand er sein Staatsexamen, sowie das Doktorexamen in Köln und legte die Medizinalpraktikantenzeit im Städtischen Krankenhaus Siloah in Hannover ab. Am 27.4.1931 erhielt er die Arztapprobation und wurde chirurgischer Medizinalpraktikant am Städtischen Krankenhaus in Offenburg. Im April 1932 wurde er dort Volontär-Assistent und blieb in dieser Stellung bis April 1933. Dann verlor er diese Stelle, weil er Jude war. Seine Absicht war es, nach den Vereinigten Staaten auszuwandern. Er wanderte zunächst in die Schweiz aus, wo er sich aufhielt, bis er in Visum für USA bekam.

Im Juli 1933 kam er dort an und arbeitete am Fordham-Hospital in New York und bereitete sich für das amerikanische Medizinische Staatsexamen vor, welches er im September 1934 bestand. Ende 1934/ Anfang 1935 ließ er sich als praktischer Arzt in New York nieder. Dort übte er die Praxis bis 1952 aus.

(EF 11455)

ROTHSCHILD, INGE,
GEB. HABERER

Ich wurde am 19.1.1921 als Tochter des Kaufmanns Leo Haberer und seiner Ehefrau Thekla, geb. Wertheimer, in Offenburg geboren. Ich besuchte in Offenburg 4 Klassen der dortigen Volksschule und war von 1931 bis 1934 Schülerin des Gymnasiums in Offenburg, das ich in der Quarta wegen antisemitischer Ausschreitungen der Mitschüler verlassen mußte. Um meine höhere Schulbildung weiter zu fördern, schikkten mich meine Eltern in ein Pensionat und das Lycee Jeanne d'Arc in Nancy, das ich aber 1935 krankheitshalber verlassen mußte. Mein Gesundheitszustand erlaubte es mir auch weiterhin nicht, eine Schule im Ausland zu besuchen. Auf eindringendes Bitten von Seiten meiner Mutter gab das katholische Lehr- und Erziehungsinstitut Offenburg mir Erlaubnis, dem Unterricht an der Handelsschule beizuwohnen. Eine Ausbildung, die indes nicht genügte, mich für die Universität vorzubereiten. Schließlich schickten mich im Januar 1937 die Eltern nach St. Gallen, um die Höhere Schule dort zu besuchen. Vor dem 1. Klassenbesuch wurde aber bereits die deutsche Devisengenehmigung wieder zurückgezogen, so daß auch hier mir die gewünschte höhere Ausbildung versagt blieb. Jetzt blieb mir kein anderer Weg mehr als die Auswanderung. In London erlernte ich den Beruf einer Säuglingsschwester und wanderte im Dezember 1938 mit meinen Eltern nach USA aus.

(EF 11149)

SALOMON, FELIX UND HANS

Es erschien heute Herr Felix Salomon, geb. 22.6.1885 in Hilbringen bei Herzig / Saar, staatenlos, wohnhaft in Buenos Aires und erklärte: Meine Ehefrau Frieda Salomon, geb. Stern, wurde deportiert und ist seitdem verschollen. Sie hatte ihren letzten Wohnsitz in Schaerbeck bei Brüssel und war staatenlos. Die Erblasserin war in erster und einziger Ehe mit mir verheiratet. Unsere Ehe wurde am 1.8.1912 in Offenburg geschlossen. Zum Zeitpunkt der Eheschließung besaßen wir beide die deutsche Staatsangehörigkeit.

Aus unserer Ehe sind folgende Kinder hervorgegangen: Käthe Spindler, geb. Salomon, geb. 2.8.1913. Sie wurde zusammen mit ihrem einzigen Kind Robert Spindler, geb. 11.5.1937, deportiert und ist seitdem verschollen.

Hans Salomon, geb. 1.3.1915

(EF 14664)

Der Antragsteller Hans Ludwig Salomon fuhr am 1.9.1937 von Hamburg nach Buenos Aires und benutzte den Dampfer Cap Arcona. Er bezahlte dafür 415 RM.

Zeugnis von Firma Theo Kahn, chem.techn. Erzeugnisse, Offenburg, für Hans Salomon, 1937:

Herr Hans Salomon trat am 1.6.1929 in mein Geschäft in die Lehre und beendete solche am 1.6.1932. Während dieser Zeit war ihm Gelegenheit gegeben, sich mit sämtlichen vorkommenden Büroarbeiten vertraut zu machen und sich die Kenntnisse der Oel-, Fett- und Betriebsstoffbranche anzueignen. Herr Salomon hat sich in mein Geschäft derart gut eingearbeitet, daß ich solchen auch nach Beendigung seiner Lehrzeit in meinem Betrieb weiter beschäftigte.(...) Herr Salomon verläßt am 1.9.1937 mein Geschäft auf eigenen Wunsch, da er aus Deutschland auswandert. Ich sehe denselben ungern scheiden, und kann ihn jedermann nur bestens empfehlen. Meine Wünsche begleiten Herrn Salomon auf seinem ferneren Lebensweg. Theo Kahn.

Ich kam am 17.9.1937 in Argentinien an und wurde die ersten 2 Monate vom jüdischen Hilfsverein unterstützt, da ich keine Arbeit finden konnte. Ca. 1 Jahr war ich als einfacher Bauarbeiter bei verschiedenen Baufirmen tätig und verdiente 5 Pes.Arg. täglich. Ungefähr im Juli 1939 fand ich eine Stelle als Chauffeur bei Victor Graf, Gerente der Firma Philipps, Argentinien, und verdiente anfangs Pes.Arg. 175 monatlich, welcher Lohn sich mit der Zeit auf Pes.Arg. 220 monatlich erhöhte. Am 1.12.1942 trat ich zur Firma Serebrenik, Peru, ein, als Angestellter und verdiente 250 Pes.Arg. monatlich. Nach drei Monaten wurde diese Firma aufgelöst und ich entlassen. 8 Monate war ich Vertreter der Firma Boston Oil Comp. und hatte eine monatliche Kommission von 290 Pes.Arg. Auch diese Firma existiert heute nicht mehr. Am 1.11.1943 fand ich die Stelle als Vertreter bei der Firma Justo+Martinez, wo ich heute noch bin. Arbeits- und Verdienstbescheinigung lege ich bei. Ich habe aus meiner Ehe drei minderjährige Kinder, für die ich aufkommen muß. Mein alter Vater (72 Jahre) erhält eine kleine Pension, so daß ich ihn mit einem monatlichen Betrag unterstütze. (1957)
(EF 9597)

SANIK, LEON

Über ein halbes Jahrhundert ist vergangen seit dem Kriegsende. Die Spuren der Bombenangriffe auf die Ortenau in den letzten Kriegswochen sind längst alle beseitigt. Doch es leben noch Menschen, die sich voll Schrecken an diese Tage erinnern und die das Grauen nicht vergessen können. Besonders litten die Häftlinge der SS-Baubrigaden, die in Offenburg die zerstörten Gleisanlagen am Güterbahnhof wiederherstellen mußten. Eine dieser Brigaden war im Januar 1945 im Konzentrationslager Buchenwald aufgestellt worden. Sie war im Grunde ein rollendes KZ mit etwa 500 Gefangenen in rund 40 Waggons. Aus diesen Menschen presste die SS die letzten Kraftreserven heraus. Die Verpflegung bestand aus einem halben Liter Kaffe morgens, einem halben Liter Suppe mittags und abends gab es 300 Gramm Brot und 20 g Margarine.

Im Jahr 1998 besuchte einer der wenigen überlebenden Häftlinge dieser Brigade wieder die Stadt, die er im Februar 1945 in KZ-Kleidung kennenlernte: Leon Sanik, geb. 1923, aus einem polnischen Schtedl bei Lodsz, Jude, heute in Kanada lebend, war zwanzig Jahre alt, als er Offenburg 1945 zum ersten Mal sah:

„Mein Name ist Leon Sanik. Ich stamme aus Polen und habe die Zeit sehr viel mitgemacht seit September 1939. 1943 haben die Deutschen unser ganzes kleines Ghetto liquidiert und 1500 Juden in Fabriken zur Arbeit gebracht. Ich war in einer Glasfabrik. Wenig später, 1944, haben sie uns weggeschickt nach Buchenwald, mich, meinen Bruder und meine Mutter. Buchenwald war unbeschreiblich, schlimmer wie der Tod, schlimmer wie die Hölle. Das kann man nicht beschreiben. Daß Menschen anderen Menschen das antun können!"

Saniks Vater war am 1.Tag Schewuot 1943 erschossen worden.

Im Januar 1945 wurden dort in Buchenwald SS-Baubrigaden zusammengestellt. Die Häftlinge sollten die zerstörten Gleisanlagen im Reich wiederherstellen. Nach verschiedenen Arbeitseinsätzen an anderen Orten kam die 10. Baubrigade, der Leon Sanik angehörte, nach Offenburg.

„Wir haben geschlafen in den Waggons, die waren eingerichtet wie ein Lager. Nach 6 Uhr abends haben sie uns in die Waggons gelassen, haben abgesperrt, haben uns die Nacht über drin gelassen bis 5 Uhr morgens, dann sind wir wieder zur Arbeit. Wir haben hier in Offenburg Gleise repariert, denn die sind nach den Bombardierungen hochgesprengt gewesen."

Die ständigen Luftangriffe forderten große Opfer unter den Kriegsgefangenen und den KZ-Häftlingen. Während die Zivilbevölkerung wenigstens in die Keller konnte, waren die Zwangsarbeiter der Baubrigaden den Bomben schutzlos ausgeliefert. Leon Sanik hat etwa 40 Tote hier in Offenburg begraben müssen: irgendwo zwischen den Gleisen des Rangier- und Güterbahnbahnhofs ruhen die Gebeine ungarischer Juden.

„Ich habe sie begraben, die SS hat uns dabei beobachtet mit Geschrei: Schnell, schnell! Wir mußten dann sofort zu einer anderen Arbeit und unsere eigene Haut retten. Wir waren voller Blut, hatten kein Wasser, um uns zu waschen. Wir haben über ein Jahr keine Dusche genommen, keine Wäsche umgetauscht, so war das Leben damals. Mit Schnee haben wir uns gewaschen."

Die Häftlinge trugen keinen Namen, sondern eine Nummer. Leon Sanik hatte in Buchenwald die Nummer 12581 erhalten. 430 ungarische und 70 polnische Juden machten die Offenburger Brigade aus. Es wurde täglich 12 Stunden gearbeitet, von 6 Uhr morgens an. Und es kam immer wieder zu Mißhandlungen durch die SS.

„Jeder Schritt war unter der Bewachung von SS. Das Zuschütten der Gräber war eine schmutzige Arbeit. Ich war einmal krank, hatte eine Erkältung, habe aber kein Aspirin gehabt, konnte meinen Körper nicht bewegen. Doch ich hatte Angst, man könnte mich erschießen, so bin ich zur Arbeit und habe überlebt."

Der einzige Trost für die Häftlinge damals im Februar/März 1945: „Wir haben ein bißchen Hoffnung gehabt, wir haben die täglichen

Truppenbewegungen gesehen, und haben gemerkt, es kommt zu einem Ende."

Im März wurde Sanik noch verlegt nach Regensburg, dann nach Dachau. Dort erlebte er endlich die Befreiung durch Amerikaner. 1950 wanderte er nach Kanada aus.

Leon Sanik war in der Hoffnung nach Offenburg gekommen, den genauen Ort jenes Massengrabes zu finden und dafür sorgen zu können, daß die Toten auf einem jüdischen Friedhof bestattet werden. „Ich bin zum erstenmal wieder in Offenburg seit 54 Jahren. Es ist für mich ein großes Erlebnis. Ich habe den richtigen Platz nicht gefunden, aber sie liegen doch hier. Es fiel mir nicht leicht. Ich bin nicht mehr jung. Aber es hat mir keine Ruhe gegeben. Ich kann sie nicht mehr lebend machen. Irgendwo hier liegen diese armen Leute. Viele wollen gar nicht sprechen darüber. Aber ich kann das nicht vergessen. So lange ich lebe, Tag und Nacht, lebe ich wegen meiner Eltern und wegen meiner Stadt, warum weiß ich nicht. Ich kann nicht vergessen, ich werde nie vergessen."

Im Jahr 2001 errichteten Offenburger Bürgerinnen und Bürger am vermuteten Ort des Massengrabes einen Gedenkstein mit der Inschrift: *„Es schreit der Stein aus der Mauer über die Erschlagenen, die hier begraben sind. Im Frühjahr 1945 fanden 40 jüdische Zwangsarbeiter hier auf dem Bahngelände in Offenburg ihr Massengrab."*

Leon Sanik (li) und Rabbiner Schlesinger (Straßburg) sprechen das Totengebet

SCHEIRMANN, ALEXANDER

Ich, Alexander Scheirmann (mein Name ist hier in USA Alex Sherman), geboren am 10. September 1923, habe in Offenburg in Baden 4 Jahre die Volksschule und dann die Oberrealschule besucht. Ich sollte später Elektrotechnischer Ingenieur in der Karlsruher Hochschule studieren, um später das Geschäft leiten zu können "Elektromotor" R. Scheirmann & Cie GmbH in Offenburg. Mein verstorbener Vater war auch Elektro-Ingenieur.

Durch die Judenverfolgung war es unmöglich, damit zu rechnen, daß ich die Hochschule besuchen kann. Als ich 14 Jahre alt war und nur vier Jahre Oberrealschule hinter mir hatte, mußten meine Eltern sich schweren Herzens entschließen, mich aus der Schule herauszunehmen, um mich wenigstens ein Handwerk erlernen zu lassen, so daß, wenn wir auswandern müßten, ich meinen Lebensunterhalt verdienen kann. Da wir ein jüdisches Geschäft hatten und ich jüdisch war, konnte ich nicht als „Lehrling" angenommen werden. Ich habe als gewöhnlicher Arbeiter in unserem Geschäft gearbeitet. Wenn es nicht unser eigenes Geschäft gewesen wäre, wäre es sehr schwer gewesen, mich irgendwo unterzubringen. Einige Zeit später kam sowieso das Gesetz, daß die jüdischen Kinder die Schule nicht mehr besuchen konnten.

Wir waren staatenlos. Im Oktober 1939 bekamen meine Mutter, mein Bruder und ich die Zustellung, daß wir Deutschland bis zum 1. Februar 1940 verlassen müssen, andernfalls wir interniert würden (mein Vater war Anfang Oktober 1939 ausgewandert).

Vom Februar 1939, als wir das Geschäft in arische Hände übergeben mußten, bis zu meiner Auswanderung im Oktober 1939 konnte ich nirgendwo arbeiten und auch nicht zur Schule gehen.

Als wir nach Amerika kamen, mußte ich meine Schulung hier beenden. Hier ist 12 Jahre Schulpflicht. Ohne Diplom von der Schule kann man keine Hochschule besuchen. Nur durch Fleiß, besuchen der Schule während zweier Sommerferien und Anerkennung von 2 Fächern

(Deutsche Sprache und Handwerkerfach, ich war Ankerwickler) war es mir möglich, die Schulung in 1 1/2 Jahren zu absolvieren.

Während es für meine Eltern ein leichtes gewesen wäre, mich in Deutschland zur Hochschule zu schicken, war es hier für uns ein großes materielles Opfer. Mein Vater mußte hier selbst als gewöhnlicher Arbeiter in einer Motoren-Reparatur-Werkstatt arbeiten, anstatt als Ingenieur, bis er die Sprache erlernte und sich durch seine Kenntnisse wieder etwas heraufarbeiten konnte. Ich bin jetzt elektrotechnischer Ingenieur.

(EF 10798)

SCHEIRMANN, ARNOLD

Ich bin am 5. August 1930 geboren. Ich habe die Volksschule in Offenburg besucht und mußte meine Schulung unterbrechen, als das Gesetz kam, daß jüdische Kinder die staatlichen Schulen nicht mehr besuchen dürften. Ich kann mich an das Datum nicht mehr erinnern, aber ich glaube, daß ich mehr als ein Jahr Schule versäumt habe. Es waren keine jüdischen Schulen in Offenburg und so mußte ich einfach ohne Schulung zu Hause bleiben.

Als wir nach Amerika kamen, im Dezember 1939, sollte ich eigentlich in der dritten Klasse sein. Da ich aber Schulzeit in Deutschland verloren hatte, wurde ich zurück in die erste Klasse versetzt, auch, weil ich nicht gut Englisch sprechen konnte.

Ich konnte die verlorene Zeit nur in späteren Jahren durch Überspringen einer Klasse und Besuchen der Schule während dreier Monate Sommerferien nachholen.

Ich bin jetzt elektrotechnischer Ingenieur.

(EF 10799)

SCHEIRMANN, FANNY UND RAPHAEL

Frau Fanny Scheirmann ist am 14.10.1899 als Fanny Futran geboren. Sie absolvierte in Karlsruhe das Lyceum und besuchte nach Abschluß zur Vervollkommnung ihrer Ausbildung eine Handelsschule. Im Anschluß daran war sie bei dem Privatbankhaus Strauss & Co. in Karlsruhe als Kontoristin tätig. Im Jahr 1921 verlobte sie sich in Karlsruhe mit meinem inzwischen verstorbenen Vetter Raphael Scheirmann, geboren 11.11.1891. Sein in Amerika angenommener Name war Ralph Sherman.

Herr Sherman war ein hochqualifizierter, diplomierter Elektro-Ingenieur. Er ließ sich im Jahr 1921 in Offenburg nieder und gründete die später handelsgerichtlich eingetragene Firma „Elektromotor R. Scheirmann & Cie. GmbH". Er war neben zwei Verwandten von Frau Sherman Gesellschfter dieser Firma und zugleich deren Geschäftsführer. Von Beginn an übernahm Frau Sherman die Ausführung aller kaufmännischen Arbeiten, wozu sie durch ihre Ausbildung und vorangegangene Tätigkeit bei dem Bankhaus bestens geeignet war.

Mein Vetter Sherman, der in erster Linie Ingenieur war, zog mich bei der Errichtung seines Betriebes als kaufmännischen Berater hinzu. Dadurch hatte ich laufend Einblick in die Entwicklung der Firma.

Herr Sherman mietete im Jahr 1921 in Offenburg eine leerstehende Bauernscheune und errichtete darin seine erste Werkstatt zur Reparatur von Elektromotoren. Bei Beginn waren neben meinem Vetter ein Arbeiter und zwei Lehrlinge beschäftigt. Die kaufmännischen Arbeiten erledigte Frau Sherman. Der Betrieb entwickelte sich sehr schnell und zwang Herrn Sherman, bald eine größere Werkstatt in der Werderstrasse zu mieten, die nach einigen Jahren auch nicht mehr ausreichte, so daß er seinen Betrieb schließlich in die damals leerstehende Kaserne in der Moltkestrasse verlegen mußte. Dort war er auch bereits mit den modernsten Hilfsmitteln wie Trockenöfen und Prüffeldern ausgestattet, und er konnte neben der Reparatur und Neuwicklung von Motoren, Generatoren und Transformatoren den Bau von Anlassern, Widerständen und elektrischen Spezialapparaten vornehmen. Nebenher nahm er den Verkauf von neuen Motoren auf. Der Betrieb entwickelte sich so gut, daß mein Vetter bald imstande war, trotz laufender Modernisierung und Vergrößerung seiner Werkstatt seine beiden Mitgesellschafter auszuzahlen. Ich erinnere mich noch daran, daß um diese Zeit das Elektrizitätswerk in Kehl neben vielen anderen Industrie- und Landwirtschaftsbetrieben große Aufträge wie Wickelungen und Montagen an ihn übergaben. Die Zahl der beschäftigten Arbeiter betrug mehr als 30, dazu kamen Arbeiter, die mit Außenarbeiten beschäftigt waren. Sein Jahresumsatz betrug zwischen 120.000 und 140.000 RM. Nach meiner eigenen Auswanderung wurde der Betrieb noch einmal nach der Badstrasse verlegt, da die Kaserne, in der sich die Werkstatt befand, geräumt werden mußte. Im Jahr 1939 ging die Firma durch Zwangsverkauf in die Hände von 2 Angestellten über. Meiner Familie gelang es von hier aus, die Auswanderung der Eheleute Sherman und deren Kinder nach Amerika zu ermöglichen. (1966)

(EK 33915)

SCHLEICHER, DR HUGO

Geheime Staatspolizei Karlsruhe, 20.11.1940, an Landrat Offenburg,
Betrifft: Aberkennung der deutschen Staatsangehörigkeit gemäß §2 des
Gesetzes vom 14.7.1933:
Dem Juden Hugo Israel Schleicher, geb. am 23.4.1894 in
Nonnenweier (Baden), seiner Ehefrau Rudi Sara Schleicher, geb.
Weinberg, geb. am 28.8.1904 in Lauterbach (Hessen) und der Tochter
Ellen Sara Schleicher, geb. am 6.11.1931 in Offenburg, alle zuletzt in
Offenburg wohnhaft gewesen, ist durch Bekanntmachung des Herrn
Reichsministers des Innern die deutsche Staatsangehörigkeit aberkannt
worden. Außerdem wurde das Vermögen beschlagnahmt.

SCHWERINER, SELMA

16.9.1873 - USA 1960

Mein Einzelhandelsgeschäft, gegründet 1924 unter der Firma Emil Schweriner, Offenburg, Hauptstr. 24, kam im Jahre 1938 durch die Maßnahmen der Naziregierung zum Erliegen. Im Oktober 1940 wurde ich nach dem Konzentrationslager Gurs – Frankreich deportiert, meine Wohnung Hildastr. von Parteigängern besetzt, geplündert, die Überreste an Mobiliar etc. beschlagnahmt und versteigert. Mein Geschäft hatte vor 1933 einen Jahresumsatz von 40 – 45.000 Mark. Von Beginn der Nazibewegung an wurde mein Geschäft stärker betroffen als ähnliche Betriebe, da sich meine Kundschaft vorwiegend aus Beamten aller Kategorien und deren Angehörigen zusammensetzte, einer Bevölkerungsschicht, die stärker dem Druck von oben, nicht bei Juden zu kaufen, ausgesetzt war als andere Gruppen.

In der Anlage übersende ich ein Schreiben der Präfektur Marseille vom 13.2.1952. Wie Sie aus dem Inhalt ersehen, stand ich für die Dauer meines Aufenthaltes in der Klinik l'Emeraude unter der ständigen Kontrolle der Polizei. Ein Verlassen der Anstalt ohne deren Erlaubnis war mir nicht möglich.

Bezüglich der abgegebenen Silber- und Goldgegenstände lege ich Bescheinigung der Sparkasse Karlsruhe vor. Selbst wenn die Liste der Sparkasse als Grundlage des Wiedergutmachungsanspruches genommen wird, ist mein Anspruch eher zu niedrig als zu hoch, zumals es sich bei den Leuchtern und den silbernen Schalen etc. um antike Werte handelte. Die Leuchter waren jüdische Kultgegenstände, die von Generation zu Generation vererbt wurden. Ein Wiederkauf ist weder hier (USA) noch in Deutschland zu dem Betrag von 2000 DM möglich. Bei meiner Deportierung wurde ich gezwungen, eine Erklärung über den Wert meines hinterlassenen Hausrats anzugeben. Ich bezifferte damals den Wert an Mobiliar auf 5000 Mark. Wenn ich diese erzwungene Erklärung als die Höhe meines Verlustes an Möbel betrachte, so kommt noch ein weiterer Verlust an sonstigen Haushaltsgegenständen von mindestens 3000 Mark hinzu, so daß der Gesamtverlust für meine Einrichtung 80000 Mark beträgt. Bei der Besetzung der Wohnung wurde weiterhin eine Markensammlung im Werte von 500 Mark gestohlen. Ebenso wurde eine Sammlung deutscher und österreichischer Gedenkmünzen gestohlen im Wert von etwa 500 Mark. Weiter erhebe ich im Rahmen dieses Antrages die Wiederaufnahme meiner Rente, die ich als Mutter von zwei Söhnen, die im ersten Weltkrieg gefallen sind, bezog. Die Höhe der Rente war meiner Erinnerung nach 18 Mark per Monat.

(EF 4701)

SCHWERINER, WALTER
3.4.1894 - USA 1959

Während meines Studiums in München 1912-1914 – unterbrochen durch Kriegsdienst im ersten Weltkrieg – und von 1919–1922 in Heidelberg baute ich mir eine umfangreiche Bibliothek auf. Zunächst einmal die für mein juristisches und volkswirtschaftliches Studium notwendigen Lehrbücher, Kompendien, Handwörterbücher etc. Da ich ein Bücherwurm war und meine Interessen vielseitig waren, besonders an der deutschen Kultur, hatte ich auch im Lauf der Jahre eine Unzahl von kunstgeschichtlichen und philosophischen Werken mir angeschafft, und meine aktive Teilnnahme an den politischen Vorgängen im Lande gaben mir Anlaß, mir auf dem Gebiete der Arbeiterbewegung eine der umfangreichsten Handbüchereien anzulegen. Einen erheblichen Teil meines guten Einkommens als Bankfachmann verwandte ich bis in die letzten Jahre meines Aufenthaltes in Deutschland, um meine Bücherei weiter zu vergrößern.

Da ich natürlich wie die Mehrzahl der Deutschen nicht an einen Umsturz wie den gewesenen denken konnte, darum auch nicht den Gedanken haben konnte, mich jemals von diesem Besitz trennen zum müssen, habe ich mir nie die Mühe gemacht, ein Verzeichnis meiner Bücher zu führen. Ich besaß eine Aufzeichnung eines kleinen Teils meiner Bücher, die bei der Plünderung der Wohnung meiner Mutter mit meinen Büchern abhanden kam.

Ich besaß nahezu alle Schriften von Prof. Max Weber, Lujo Brentano, Alfred Weber, Sinzheimer, Gothein, Anschütz, Oppenheimer, Diehl, Gide, Marshall etc. Ebenso das Handwörterbuch der Staatswissenschaften, Grundriß der Sozialökonomie, alle Werke von Sombart, Werke über Rechtsgeschichte, Kommmentare zur Gesetzgebung etc. Eine Unzahl von Kunstmonographien, Kunstgeschichten, Sittengeschichte und nahezu alle Veröffentlichungen des Dietzverlages und der Veröffentlichungen der Gewerkschaften aller Richtungen. Unter meinen Büchern waren auch eine große Anzahl von seltenen Werken: eine komplette Sammlung der Neuen Rundschau, der Jugend, des Simplicissimus, der Liller Kriegszeitung, der Süddeutschen Monatshefte. Daß sich unter meinen Büchern auch alle deutschen Klassiker in schönen und teilweise Liebhaberausgaben befanden, sei nur noch erwähnt. Eine Herstellung des früheren Zustandes ist nicht möglich, soweit ich den Büchermarkt kenne. Meine Bibliothek hatte einen Bestand von weit über 2000 Bänden.

Durch meine freizeitliche Tätigkeit als Journalist mit Beiträgen zur Frankfurter Zeitung, Berliner Börsenkurier, Vorwärts und für verschiedene heimische Zeitungen muß ich meine Bücher auch als Werkzeuge meines, wenn auch nicht voll tätigen Berufes betrachten, wie sie auch notwendig waren in meiner Tätigkeit in der Sozialverwaltung des Reiches.

Meine Auswanderung nach den Vereinigten Staaten erfolgte zu einem Zeitpunkt der Depression des Wirtschaftslebens im Lande. Nur unter den größten Schwiererigkeiten und nur bei schlechter Entlohunung war es möglich, das Leben zu fristen. Eine Eingliederung in das Land ging nur langsam vonstatten, Arbeit im erlernten Beruf war unmöglich.

Als ich die Nachricht von der Deportation meiner Mutter erhielt, war ich etwa 2,5 Jahre im Land und war, da ich jede sich bietende Arbeit ergriff, in der Lage gewesen, kleine Ersparnisse zu machen, die ich als Grundlage einer eigenen Existenz betrachtete. Da sich die Möglichkeit bot, durch Lebensmittel und Wäsche zunächst die Lage meiner Mutter im Lager etwas zu verbessern, nutzte ich meine Ersparnisse hierzu aus. Es war auch selbstverständliche Sohnespflicht, alle Wege zu beschreiten, um meine Mutter aus dem Lager zu befreien und sie möglichst schnell nach den Staaten zu bringen. Dies habe ich getan bis zum Äußersten, mußte aber auch bei befreundeten Amerikanern Geld leihen, um dann schließlich meine Mutter im Juni 1941 nach New York zu bringen.

Für alle diese Ausgaben habe ich Belege in Händen. Ich besitze auch die Briefe meiner Mutter aus dem Lager, die die Zustände dort schildern. Sie zu lesen, ist auch heute noch eine Nervenprobe. (1951) (EF 5418)

SIMON, GRETE
GEB. MAIER

Frau Simon, geborene Maier (geb. 29.3.1914 in Offenburg, zuletzt wohnhaft Ortenbergerstr. 12), besuchte unter ihrem Mädchenname Margarete die Mädchen Realschule in Offenburg. Im März 1931 erhielt sie zum Schluß der Untersekunda den 2. Preis der Klasse. Danach wechselte sie in die Oberrealschule. Nach Beendigung der Unterprima im Frühjahr 1933 hat sie die Schule verlassen, weil ihr infolge der Machtübernahme ein längeres Verweilen dort nicht mehr zuzumuten war. Die Antragstellerin teilte mit, daß sie die einzige jüdische Schülerin der Klasse war und einige der Mitschüler durch ihr Verhalten und hässliche Bemerkungen ihr den Aufenthalt in der Schule unerträglich gemacht hätten. Sie hätte 1 Jahr später das Abitur ablegen können. Sie hatte die Absicht, ein akademisches Studium zu ergreifen. Ohne Abitur war ihr dies unmöglich, wobei es auch für sie ausgeschlossen gewesen wäre, sich an einer Universität im Jahre 1934 noch immatrikulieren zu lassen.

(EF 11434)

SPECK, META
GEB. UFFENHEIMER

Ich wurde am 13. Juli 1910 zu Breisach im Breisgau als Tochter des Viehhändlers Nathan Uffenheimer geboren und habe die Realschule in Breisach bis zur mittleren Reife besucht. Anschließend trat ich in die kaufmännische Lehre der Firma Krumbacher in Freiburg. Meine Ausbildung endete am 30. April 1930, wurde jedoch 6 Wochen vor diesem Zeitpunkt als abgeschlossen erklärt. Bereits am 15. 3. 1930 konnte mich daher die Firma Kaisers Kaffeegeschäft in Freiburg als Angestellte übernehmen. Von Ende Mai 1931 beschäftigte mich diese Firma in der Filiale Offenburg als 1. Verkäuferin. Mein Einkommen setzte sich aus Gehalt und Umsatzanteilen zusammen. Es betrug 200.-RM im Monatsdurchschnitt. Im Frühjahr 1933 bin ich in Offenburg wiederholt als Jüdin belästigt worden, so daß ich Veranlassung genommen habe, die Geschäftsleitung in Freiburg zu bitten, mich wieder nach Freiburg zu versetzen. Wegen der Gleichschaltung wurde ich am 31. März 1933 entlassen. Da ich in meinem erlernten Berufe keine Anstellung mehr fand, wurde ich Dienstmädchen mit einer sehr geringen Entlohnung. Im Oktober 1935 wanderte ich nach Argentinien aus, wo ich meinen Lebensunterhalt als Strickereiarbeiterin verdiente. Eine gleichwertige Lebensstellung habe ich bis zum Jahre 1953 nicht erreichen können. Ich arbeite jetzt als Vertreterin, bin aber wegen angegriffener Gesundheit erwerbsgemindert.

(EF 10976)

SPEIER, HELMUT

Geboren 30.12.1912 in Alsfeld, Oberhessen, zuletzt wohnhaft in Offenburg. Von 1919 - 1927 besuchte ich die Volksschule in Alsfeld. Danach war ich in der kaufmännischen Lehre bei der Firma Gebrüder Zeller, Bank- und Manufakturwarengeschäft, Brückenau. Nach Beendigung meiner dreijährigen Lehrzeit verblieb ich bei der Firma Zeller als kaufmännischer Angestellter und zwar bis 1936. Infolge der Boykottmaßnahmen gegen jüdische Kaufleute verlor ich meine Stellung im Jahr 1936.

Nach dem Verlust meiner Stellung gelang es mir, noch eine Anstellung bei der Firma Gebrüder Kahn, Offenburg, zu finden. Im Jahr 1938 verlor ich auch diese Stelle, da die Firma aus Gründen der Boykottierung aufhörte zu existieren. Da ich als Jude in Hitler-Deutschland keine Stellung mehr finden konnte und sich die Verhältnisse für uns Juden von Tag zu Tag verschlimmerten, wanderte ich im September 1938 nach USA aus.

Hier angekommen und der englischen Sprache nicht mächtig, nahm ich jede Arbeit an, die sich mir bot, um mein Brot zu verdienen. Es war mir nicht möglich, in dem von mir erlernten Beruf tätig zu sein und bin ich bis zum heutigen Tag als einfacher Arbeiter beschäftigt.

(EF 11741)

STRAUSS, JULIUS

11.9.1882 - ?

Entlassen am 17. Dezember 1938 im KL Dachau. Am 22.Okt.1940 wurde er von der Gestapo Württemberg-Baden nach Gurs evankuiert. Er wurde in das Sammellager Drancy eingeliuefert und am 4.März 1943 nach Lublin-Majdanek überstellt.

Ich, die Unterzeichnete, Toni Tilla Strauss, geb. Ehrmann, wohnhaft in Durban, Sued Africa, mache nachstehende Angaben in voller Kenntnis der Bedeutung einer eidesstattlichen Versicherung: Ich wurde am 15.10.1883 in Bergen, Kreis Hanau, als Tochter des Metzgers Hermann Ehrmann und seiner Ehefrau Fanni, geb. Hahn geboren. Vom Jahre 1889 bis 1897 besuchte ich die jüdische Elementarschule in Bergen. Im Jahr 1908 schloß ich die Ehe mit dem Kaufmann Julius Strauss, der in Bergen ein Detailgeschäft betrieb. Auf den Umsatz des Geschäftes kann ich mich, obwohl ich im Geschäft meines Mannes mitarbeitete, nicht mehr genau erinnern. Sogleich nach der Machtergreifung ging der Umsatz des Geschäftes wegen des sofort einsetzenden Boykottes und insbesondere auf Grund von Verfolgungsmaßnahmen (die Schaufenster wurden verschiedene Male eingeworfen, die Auslagen wurden geplündert, unserer Kundschaft wurde gedroht von seiten der Partei) erheblich zurück. 1935 mußten wir endgültig das Geschäft aufgeben und ging es in Konkurs. Dies ist darauf zurückzuführen, daß wir die Außenstände in Höhe von ungefähr 35.000 nicht mehr einziehen konnten. Die von mir angegebenen Beträge können von Herrn Gottfried Kahn, z. Zt. wohnhaft 2 Bevan Street Port Elizabeth South Africa bestätigt werden. Herr Kahn ging in unserem Haus ein und aus und er ist über die Geschäftsverhältnisse meines verstorbenen Mannes sehr gut unterrichtet. Wir verzogen sodann, weil wir meinten, dort als Juden leichter untertauchen zu können, zunächst zu unserer Tochter Marta Friederike nach Frankfurt, dann nach Offenburg zu unserer dort verheirateten Tochter Ruth

Haberer. In Frankfurt wohnten wir Tiergarten Nr. 30, in Offenburg wohnten wir in der Zeller Straße. Am 22.10.1940 wurden mein Mann und ich nach Gurs deportiert. Dabei mußten wir unsere gesamte Wohnungseinrichtung, die bereits zur Auswanderung gepackt war, zurücklassen, und haben davon nie wieder etwas gesehen. Es handelt sich meiner Erinnerung nach um folgende Stücke: Schlafzimmer, Wohnzimmer, ein Klavier, ein Herrenzimmer, ein Mädchenzimmer, Kücheneinrichtung, Hausrat, Wäsche, Bekleidung usw. im Gesamtwert von etwa 20.000 RM. Mein Mann Julius Strauss wurde, nachdem er in den Lagern Gurs und Rivesaltes gewesen war, am 27.2.1943 über Drancy nach Auschwitz deportiert, dort ist er umgekommen. Mir selbst gelang es, nach Südafrika auszuwandern. Ich fuhr mit dem Schiff Lisboa der Portugiesischen Linie über Kapstadt nach Durban. Die Kosten des Billets betrugen 75,- engl. Pfund und schulde ich dieselben noch heute. Seitdem lebe ich bei meinen Kindern Marta und Ludwig Levi, die mich bisher vollständig unterhalten haben. (1957)

(EF 5270)

STURMANN, BETTY
7.11.1883 - ?

Die Familie Sturmann hatte in Offenburg, Steinstr. 7 ein Partiewaren-haus. Dieses ging nach dem Tod von Willy Sturmann am 1. 3. 1935 durch Vereinbarung zwischen den Erben auf Frl. Betty Sturmann über. Das Geschäft wurde unter Zwang verkauft im Jahre 1937 und ist am 19.3.1937 im Handelsregister als erloschen eingetragen. Das Geschäft ging in den Jahren vor der Verfolgung sehr gut. Es haben daraus die drei Geschwister Willy, Betty und Frau Henriette Grünebaum, geb. Sturmann, die ihren Geschwistern nach dem Tode ihres Mannes den Haushalt führte, gut gelebt. Das Geschäftsein-kommen betrug monatlich ca. 600 RM. Im Oktober 1940 wurde Frl. Betty Sturmann nach Südfrankreich deportiert. Sie war zunächst im Lger Gurs interniert und wurde dann am 1. September 1942 über das Lager Drancy nach Auschwitz deportiert. Sie ist in Deportation verstor-ben und für tot erklärt. Erben sind ihre beiden Schwestern und die Kinder ihrer 3. Schwester. Außerdem wird geltend gemacht der Schaden an Vermögen (Verlust der Wohnungseinrichtung, die bei der Deportation in Offenburg, Hildastr. 57a zurückgeblieben ist). Es han-delte sich um eine gut eingerichtete Vierzimmerwohnung mit Küche, einschl. reichlicher Wäscheausstattung.

(EF 4011)

TEPER, ALBERT

Der Antragsteller ist Jude. Er hatte von 1919 – 1936 in Offenburg seinen Wohnsitz, wo er als stiller Teilhaber der Viehgroßhandelsfirma Bergheimer und als deren Ein- und Verkäufer tätig war. Er bezog hieraus ein monatliches Vorverfolgungseinkommen von durchschnittlich 600.- RM. Aufgrund der nationalsozialistischen Verfolgungsmaßnahmen wanderte er 1936 nach Frankreich aus. Seienr Darstellung nach hat er dort keine Arbeitserlaubnis erhalten, er bestritt seinen Lebensunterhalt durch Unterstützungen.

Herr Teper kehrte 1947 nach Deutschland zurück und nahm in Lörrach Wohnsitz. Dort betrieb er bis 1952 einen Viehhandel.

(EF 3211)

VEIT, ANNA,

GEB. KAUFMANN

Frau Anna Veit ist Jüdin. Sie ist am 18.5.1874 in Lichtenau, Amt Kehl, von jüdischen Eltern geboren.

Frau Veit war seit dem Jahr 1895 in Offenburg mit dem dort ansässigen und wohnhaften Rechtsanwalt Leopold Veit verheiratet. Dieser ist im Februar 1928 verstorben. Während und nach der durch den Tod des Ehemannes erfolgten Auflösung der Ehe wohnte Anna Veit ununterbrochen bis zu ihrer Auswanderung in Offenburg. Sie lebte nach dem Tod des Mannes mit dem Sohn Heinrich zusammen, der in Offenburg am dortigen Landgericht als Rechtsanwalt zugelassen war. Dieser verließ, da er seine Praxis nicht mehr ausüben konnte, im Jahr 1933 das deutsche Reich. Ein zweiter Sohn, Dr. Robert Veit lebte 1933 als Arzt in Konstanz. Da er unter dem nationalsozialistischen Regime nicht leben wollte, verließ er 1933 das deutsche Reich. Ein dritter Sohn, Josef, der in Offenburg verheiratet war, befand sich im Ausbildungsstadium. Er wollte Reichsbahningenieur werden. Da er seine Laufbahn nicht abschließen konnte, wanderte er im Frühjahr 1938 aus. Eine Tochter Margarete heiratete Herrn Siegmund Aufsesser in Erlangen und war dort wohnhaft. Sie und ihr Ehemann wurden anläßlich des Judenpogroms in Erlangen verhaftet und konnten nur durch sofortige Auswanderung ihre Freiheit wieder erlangen. Sie wurden ihres gesamten Vermögens beraubt. Ihre Fahrnisse wurden buchstäblich in Stücke geschlagen.

Angesichts der erzwungenen Auswanderung ihrer nächsten Familienangehörigen vereinsamte Frau Anna Veit in zunehmendem Maße, zumal selbst die elementarste Freiheit durch den ständig wachsenden Druck kontinuierlich eingeschränkt wurde. Außerdem wurde sie wiederholt, so schon 1936 und durch die Gestapo, persönlich behelligt. Seitens der Regierung wurde ja mit allen Mitteln daraufhin gearbeitet, die Juden zum Verlassen Deutschlands zu zwingen. Im Frühjahr

1938 wurde Frau Veit außerdem konkret darauf angesprochen, daß gegen die Juden des badischen Grenzlandes Deportierungsmaßnahmen geplant seien. Dazu kamen die schauderhaften Ereignisse, die sich damals gegen die Offenburger Juden abspielten. So wurden im November 1938 sämtliche männlichen Juden nach Dachau geschleppt, dort auf das schauerlichste mißhandelt. Einige wurden totgeschlagen. Unter anderem wurde im Amtsgefängnis in Kehl ein naher Verwandter der Frau Veit buchstäblich zu Tode geprügelt. Es ist unter diesen Umständen nicht zu verwundern, wenn Frau Veit sich entschloß, Deutschland zu verlassen. Jede andere Handlungsweise wäre unvernünftig gewesen und wäre praktisch dem Selbstmord gleichgekommen. Es ist amtsbekannt, daß – mit ganz geringen Ausnahmen – sämtliche badische Juden im Jahr 1940 deportiert wurden und daß diejenigen von ihnen, die den deutschen Truppen nach dem Einfall in Südfrankreich 1942 in die Hände fielen, in Polen auf elende Weise ermordet wurden.

Frau Veit bewohnte zum Zeitpunkt ihrer Auswanderung in ihrem Haus Offenburg Okenstr. 5 noch den 2. und 3. Stock. Die Möbel des ersten Stocks hatte sie schon im Lauf des Jahres 1936 teilweise verschleudert, teilweise verschenkt. Dazu kamen große Bücherbestände, die zum allergrößten Teil sehr kostbar waren und sinnlos verschleudert wurden.

Der Antragstellerin ist bei der Gepäckkontrolle durch einen Zollfahnder (nach Angaben des Bankdirektors Muser soll es sich um einen Handwerksburschen handeln, der aus Kappelrodeck stammt) eine wertvolle alte Gemme im Wert von 1000 RM abgenommen worden, die sie an ihrem Kleid trug. Offenbar hat der betreffende Beamte diese Gemme gestohlen.

Was z.B. die „Sühneabgabe" und die erpreßten Zahlungen anbelangt, so ist über deren Raubcharakter überhaupt nicht zu diskutieren. Was die "Reichsfluchtsteuer" betrifft, verweise ich auf meine obige eingehende Begründung, aus der sich klar ergibt, daß man eine Flucht unter Aufopferung des gesamten Vermögens nicht wohl "Auswanderung" nennen kann. Die deutschen Juden – im Hinblick auf die Situation des Jahres 1938 – waren keine Bürger mehr. Sie waren das auch rechtlich nicht mehr. Sie waren Freiwild für den Spott und den Hohn der vom Staat und der Partei aufgehetzten Massen. Sie waren im Hinblick auf ihr Vermögen reines Material zur Ausplünderung. Auswanderung für sie bedeutete: Flucht, Lebensrettung vor Mördern und nichts anderes.

Als Frau Veit hier ankam, besaß sie noch: in bar 10 RM, eine Kiste mit Gebrauchsporzellan, Wäsche, Leib- Bett- und Tischwäsche, einen elektrischen Heizofen, eine Nähmaschine, eine Couch, eine Schreibmaschine, eine Kiste mit privaten Utensilien.

(EF 3701)

WEIL, ALBERT

Albert Weil ist geboren am 28.11.1889 in Offenburg. Der Großvater Abraham Weil hatte im Jahr 1865 in Sulzburg/Baden eine Weinhandlung und Branntwein-Brennerei gegründet. Im Jahr 1883 wurde das Geschäft nach Offenburg verlegt und dort unter der Firma A. Weil Sohn von dem Vater des Antragstellers Elias Weil übernommen und fortgeführt. In dieses Geschäft wurde Albert Weil, der Antragsteller, im Jahr 1920 als Teilhaber aufgenommen. Albert Weil besuchte zunächst bis zur Ober-Secunda das Gymnasium in Offenburg,. Da er an Typhus erkrankte, mußte er die Fortsetzung des Studiums aufgeben und besuchte nach seiner Genesung zunächst für ein Jahr das Spracheninstitut Bitterlin in Lucens (Kanton Waad), wo er sich in der französischen Sprache perfekt ausbildete. Um sich eine kaufmännische Ausbildung zu erwerben, war er dann anschließend bei der Firma Gebr. Simon in Stuttgart als Volontär tätig, arbeitete dann für etwa ein halbes Jahr bei einer Französischen Firma in der Nähe von Bordeaux und beendete seine Ausbildung als Correspondent bei einer Firma in London. Im Juni 1913 kehrte er ins elterliche Geschäft nach Offenburg zurück und betätigte sich dort als Reisender. Diese Tätigkeit wurde durch den ersten Weltkrieg unterbrochen, den Albert Weil von 1914 – 1918 mitmachte. Er erhielt für Tapferkeit vor dem Feind an der Front das Eiserne Kreuz und die Badische Verdienstmedaille. Nach Kriegsende nahm Albert Weil seine frühere Tätigkeit im elterlichen Geschäft wieder auf und wurde von seinem Vater im Jahr 1920 als Teilhaber aufgenommen. Als der Vater im Jahr 1927 verstarb, trat seine Witwe, die Mutter des Antragstellers an seine Stelle. Sie starb 1937 und an ihrer Stelle wurde dann der jüngere Bruder Ernst Erich Weil als Teilhaber von Albert Weil in das elterliche Geschäft aufgenommen. Es bestand nachher infolge des Naziboykotts nur noch kurze Zeit und kam im November 1938, als Albert Weil ins Konzentrationslager nach Dachau verschleppt wurde, völlig zum Erliegen. Das Geschäft hatte nach dem

Eintritt von Albert Weil einen bedeutenden Aufschwung genommen. Während der Vater in der Hauptsache Wirte und kleinere Geschäfte belieferte, hat Albert Weil den Umfang des Geschäfts bedeutend erweitert. Er machte mehr und mehr Geschäfte mit dem Weingroßhandel, Sektfabriken, Weinessig-Fabriken und Wermut-Fabriken. Die Umsätze stiegen, sie betrugen mehrere Hunderttausend Mark pro Jahr und entsprechend war auch das Einkommen in die Höhe gegangen. Das Geschäft und sein Geschäftsführer erfreuten sich des besten Ansehens weit über Süddeutschland hinaus, die Bedeutung läßt sich am besten daraus erkennen, daß es zu seinen größten Kunden die Sektfabrik Henkel und Burgeff und die Wermut-Fabrik Frank in Nürnberg zählte, um nur einige herauszugreifen.

In Baden begann schon der wirtschaftliche Boykott bald nach 1933 einzusetzen. Ein Beweis für das Vertrauen, das Albert Weil gleichwohl bei seinen Kunden noch genoß, ist der Umstand, daß er noch 1935 an die Sektkellerei Henkel ca. 60.000 Liter Wein und an die Sektkellerei Burgeff ca. 50.000 Liter Wein lieferte. Das war aber auch der Beginn des Endes der Firma: derartige Versendungen konnten natürlich in einem kleinen Ort wie Offenburg kein Geheimnis bleiben. Kurz nachdem diese Versendungen beendet waren, kam ein staatlicher Weinkontrolleur in die Firma Weil, um die Kunden der Firma aufzunotieren. Diese Mitteilung wurde an den Reichsnährstand-Führer weitergegeben, der sich an die Kunden wandte und diese ersuchte, ihren Bedarf an Wein nicht mehr bei dem jüdischen Weinhändler Weil, sondern bei "arischen" Weinhändlern zu decken. Infolge dieses mehr und mehr kollektiv gewordenen Boykotts ging das Geschäft zurück, sodaß sich Albert Weil 1937 entschloß, den gesamten Weinbestand der Firma zu einem Einheitspreis an die Wermut-Fabrik Frank in Nürnberg zu verkaufen. Da die Verkaufspreise weit unter den Einstandspreisen lagen, wurde dieser Verkauf vom Reichs-Nährstand nicht beanstandet, er brachte der Firma Weil einen Verlust von mehr als 30.000 RM. Das war das Ende der im Jahr 1865 gegründeten, mit viel Fleiß und Arbeit und Gewissenhaftigkeit aufgebauten Firma A.Weil Sohn in Offenburg. Als dann Albert Weil am 9. November 1938 wie so viele andere ins Konzentrationslager nach Dachau verschleppt wurde, entschloß er sich, nachdem er sein Visum erhalten hatte, nach USA auszuwandern. Nach seiner Ankunft fand er im März eine Stellung als Provisionsreisender bei der Firma Wineshippers, wo er etwa mit einem Wochenverdienst von 25 Dollar begann. Da diese Firma infolge des inzwischen ausgebrochenen Weltkrieges keine Waren mehr einführen konnte, mußte Weil diese Stellung aufgeben und fing ebenfalls wieder als Provisionsreisender bei der Firma Empire Liquor Corporation in New York mit einem Anfangsverdienst von 35 Dollar pro Woche an. Er ist heute noch bei dieser Firma als Reisender tätig, der beste Beweis für seinen Fleiß und seine Zuverlässigkeit.

Walter G., Fotografenmeister: Ich kann mich an den Herrn Weil noch erinnern. Ich kann bestätigen, daß er vor seiner Auswanderung bei mir in erheblichem Maße Fotoartikel gekauft hat. Er durfte kein Bargeld mitnehmen und hat deshalb, um einigermaßen etwas von seinem Vermögen retten zu können, diese Gegenstände bei mir gekauft. Es mögen vier oder gar sechs Fotoapparate gewesen sein und zwar waren es Spitzenkameras. Für Herrn Weil hatte es nur Sinn, das Beste zu kaufen, weil die Apparate dazu bestimmt waren, sich wieder Bargeld zu verschaffen. Diese Einkäufe haben im Herbst 1937 oder 1938 stattgefunden. Ich kann mich an die Einkäufe von Herrn Weil noch deshalb gut erinnern, weil er immer nach Geschäftsschluß kam und sich zunächst vergewisserte, ob keine Kunden da waren. Er hat dann jedesmal ein wertvolles Stück mitgenommen.

(EF 5497)

WEIL, ERNST ERICH

Ernst Erich Weil ist geboren am 8.2.1900 in Offenburg, er ist verheiratet, Kinder sind nicht vorhanden. Ernst Erich Weil ist Jude. Er besuchte zunächst das Gymnasium in Offenburg bis zur Untertertia und erhielt das Reifezeugnis für das Einjährige von einer Privatschule in Stuttgart. Im Mai 1918 wurde er zum Heeresdienst eingezogen, von dem er im November 1918 entlassen wurde. Die Jahre 1919 bis 1923 verbrachte er als Lehrling und Angestellter bei der Firma August Pfindler in Stuttgart und kehrte dann im Jahr 1923 in das elterliche Geschäft: Weingroßhandlung und Weinbrennerei A. Weil und Sohn in Offenburg zurück, in welchem er bis zu seiner Auswanderung 1938 tätig blieb. Ernst Erich Weil bezog ein Monatsgehalt von 450 RM und erhielt für Reisen, die er unternahm, Spesenersatz. Als seine Mutter 1937 starb, wurde er mit seinem älteren Bruder Albert Weil Teilhaber der Fa. A.Weil Sohn.

Das Geschäft war ein bedeutendes Unternehmen und befaßte sich mit dem Großhandel von Weinen und Brennerei von Branntwein. Das Unternehmen litt unter dem Nazi-Boykott und kam im November 1938, als der Bruder Albert Weil ins KZ nach Dachau verschleppt wurde, völlig zum Erliegen. Im Jahre 1935 wurde Ernst Weil vorübergehend in Schutzhaft genommmen und im KZ Kisslau 3 Wochen festgehalten, nachdem er vorher eine Woche im Gefängnis verbringen mußte. Im Mai 1938 wanderte er nach USA aus, wo er am 16.5. ankam. Die in Kisslau verbrachte Haft hatte seinen Gesundheitszustand erheblich geschwächt, so daß er nach seiner Ankunft hier keine Arbeit annehmen konnte. Er verbrachte die ersten 4 Wochen in einem Quaker-Camp und wurde von dem "National Council for Jewish Women" nach Bedford / Massacchusetts gesandt, wo er in einer Handtaschen-Fabrik als Arbeiter Beschäftigung fand. Er verblieb dort etwa drei Jahre bis 1941. Dann kehrte er nach New York zurück, arbeitete hier zunächst in einer Uhrenarmband-Fabrik und war dann Ausläufer in einer Wirtschaft. Im

Jahr 1943 ging er zu einer Hühner-Farm in Toms River, wo er einen Nervenzusammenbruch erlitt, da er sich von den Aufregungen, die mit der Auswanderung zusammenhingen, nie mehr erholen konnte. In der Folgezeit arbeitete er dann in New York in einer Handtaschen-Fabrik. (1956) (EF 5589)

WEIL, HEDWIG, GEB. ACKERMANN
GEB. 4.7.1884

Mein Ehemann Adolf Weil ist im ersten Weltkrieg gefallen. Ich habe seitdem in Offenburg die ganze Zeit über eine Kriegswitwenrente erhalten. Im Jahr 1936 mußte ich infolge der Judenverfolgungen auswandern und habe seit 1938 die Kriegswitwenrente nicht mehr erhalten. Ich mache hiermit Anspruch auf Nachzahlung dieser Rente und auf weitere Zahlung. (1951)

Versorgungsamt Bremen: Nach § 6 4 Abs.1 Nr. 1 des Bundesversorgungsgesetzes ruht das Recht auf Versorgung, solange der Berechtigte seinen ständigen Wohnsitz im Auslande nimmt; jedoch kann in diesen Fällen Versorgung gewährt werden: der Herr Bundesminister für Arbeit hat sich damit einverstanden erklärt, daß den Hinterbliebenen im Auslande Versorgung gewährt werden kann, wenn diese auf die Versorgungsbezüge zur Bestreitung ihres Lebensunterhaltes dringend angewiesen sind und noch heute die deutsche Staatsbürgerschaft besitzen. Aus Ihrem Schreiben ist ersichtlich, daß Ihre Mandantin inzwischen US-Bürgerin geworden ist, so daß nach den z. Zt. geltenden Bestimmungen eine Versorgung nach dem Bundesversorgungsgesetz nicht erfolgen kann. (1952)

(EF 3581)

WEIL, JULIUS

Sterbeurkunde, Arolsen, 6.12.1955:

Der Kaufmann Julius Weil, israelitisch, wohnhaft in Offenburg, Wilhelmstr. 5, ist am 7. Mai 1942 in Gurs, Pyrenäen, verstorben. Der Verstorbene war geboren am 3.1.1881 in Offenburg. Vater: Samuel Weil, Mutter Jette, geb. Veit. Der Verstorbene war verheiratet mit Bella Weil, geb. Hofeler.

In der Entschädigungssache der Bella Weil, Witwe, geboren am 14.5.1887 in Eichstetten, Baden, wohnhaft in Israel, wegen Gewährung von Versorgungsbezügen (Witwenbezügen) wird entschieden: Der Antrag wird abgelehnt.

Gründe: Der verstorbene Ehemann der Antragstellerin war von 1932 bis 1938 als Schammes (Gemeindediener) bei der Israelitischen Kultusgemeinde in Offenburg beschäftigt. Am 10.11.1938 wurde er verhaftet und in das Konzentrationslager Dachau gebracht. Er starb am 7.3.1942 im Konzentrationslager Gurs (Frankreich),.

Nach § 2 DV zu § 31d BWGöD vom 6.7.1956 sind nur die Hinter-bliebenen von solchen Bediensteten jüdischer Gemeinden versorgungsberechtigt, die Kraft Satzung oder Vertrages Anspruch auf Ruhegehalt hatten oder ohne nationalsozialistische Verfolgung erlangt hätten.

Diese Voraussetzungen liegen nicht vor, denn es ist nicht erwiesen, daß er sich als Schammes der Israelitischen Kultusgemeinde in einem ruhegehaltfähigen Anstellungsverhältnis befunden hat. Auch der Bestätigung des Zeugen Dr. Ucko vom 23.6.1953 läßt sich nur entnehmen, daß der Verstorbene angestellt war, nicht aber, daß er ruhegehaltsberechtigt war.

(EF 12692)

(1954) Die damals im gleichen Hause im 3. Stock wohnhafte ledige 71 Jahre alte Maria Trube wohnhaft in Offenburg Paul Gerhard Haus Nr.

17 gab folgendes an: „Ich wohnte von 1914 bis 1950 im Anwesen Wilhelmstr. 5 im 3. Stock. Auf dem gleichen Stockwerk wohnte damals auch die Familie Weil. Ich kam deshalb des öfteren in die Wohnung der Frau Weil. Diese bewohnte 2 Zimmer mit Küche. Außerdem bewohnte der Vater der Frau Weil, Sigmund Hofeler im 1. Stock ein Zimmer. Die Familie Weil lebte in dürftigen Verhältnissen. Die Zimmereinrichtungen waren einfach gehalten. Im Schlafzimmer standen 3 Betten, 1 zweitüriger Schrank, 1 Tisch einige Stühle und Sonstiges. Im Wohnzimmer befand sich ein Büfett, etwa 1,8 m lang mit Aufsatz (Eiche, furniert) 1 Ausziehtisch, 1 kleines Regal mit Bücher, 1 Radio, 1 Schreibmaschine, einige Stühle und sonstige Kleinigkeiten. Ferner befanden sich im Wohnzimmer einige Teppiche, aber keine Perserteppiche, 1 Ladentisch und ein Sofa. In der Küche befand sich ein Kohleherd mit Backofen, 1 kleiner Gasherd mit 2 Flammen ohne Backofen, 1 Küchenbüfett, 1 Tisch und einige Stühle."

(EF 5307)

WEIL, LUDWIG
26.8.1870 - ?

A: Frau Elsa Weil ist die Witwe des verstorbenen Ludwig Weil, der zusammen mit seinem Bruder Moritz Weil Inhaber der Firma "Gebrüder Weil, Wein- und Spirituosen en gros und Commission, Offenburg, Bühlerstr. 3" war. Nach dem Tod seines Bruders Moritz führte Ludwig Weil das Geschäft fort, bis zu seiner später erfolgten geistigen Umnachtung. Dann wurde es von seiner Frau und seinem Sohn weitergeführt, solange nicht-arische Geschäfte geduldet waren. Die Weils haben in guten Verhältnissen gelebt, waren angesehen und zur Ehre von Ludwig Weil muß uneingeschränkt anerkannt werden, daß er ein sehr solider und tüchtiger Geschäftsmann war.

B: Frau Elsa Weil ist meine Cousine, denn deren Mutter Hannchen Westheimer und mein Vater waren Geschwister. Als die Eheschließung mit Herrn Louis Weil in Aussicht stand, begab sich mein Vater nach Offenburg, um als Berater seiner Schwester und als Familienoberhaupt den Wert und die Bedeutung der von Herrn Louis Weil und seinem Bruder betriebenen Weingroßhandlung kennenzulernen. Mein Vater erhielt bereitwillig Einsicht in die Geschäftsunterlagen. Er gewann aus seinem Besuch in Offenburg so gute Eindrücke, daß Herr Louis Weil zur etwaigen Anbahnung einer Verlobung nach Bayreuth eingeladen wurde. Die Verlobung kam zustande und die Eheschließung folgte bald danach.

Herr Louis Weil war ein kluger, fleißiger und korrekter Kaufmann von Format. Seine äußerliche Erscheinung entsprach diesen Qualitäten und besonders auch seinem in der Familie hochgeschätzten charakterlichen Wesen. Das wirtschaftliche Bild, das sich mein Vater bei seinem oben beschriebenen Besuch in Offenburg verschaffte, blieb während der Ehe des Ehepaares Weil aufrechterhalten. Frau Weil hatte ein wirtschaftlich sorgenloses Leben.

Ich bemerke, daß es mit der Firma meines Schwagers schon unmittelbar nach 1933 sehr stark bergab ging, weil mein Schwager in einer kleinen Stadt wie Offenburg als Jude natürlich überall bekannt war und deshalb von Anfang an stärkstens angepöbelt und bedroht wurde. Das Haus Bühlerstr. 3 war Eigentum meines Schwagers bzw. meiner Schwester und wurde im Jahr 1936 unter dem Druck der Verhältnisse verkauft.

C: Bald nach der Machtübernahme wurde der Ehemann der Antragstellerin in stärkstem Maß aus dem geschäftlichen Leben ausgeschlossen und die Familie der Antragstellerin bekam Briefe mit einem Inhalt wie: "Wenn Du dreckiger Saujud nicht bald aufhörst, die Bauern zu belästigen, wird Dir eines Tages das Licht ausgelöscht!"

Als der Ehemann der Antragstellerin eines Tages abwesend war, kamen zwei SA-Männer in Uniform in die Wohnung und verlangten zunächst den Ehemann der Antragstellerin zu sprechen. Als die Antragstellerin erklärte, daß ihr Mann nicht anwesend sei, erzwangen sich die beiden SA-Männer den Eintritt in die Wohnung und verlangten die Herausgabe der Geschäftsbücher. Als Frau Weil erklärte, daß sie nicht die Schlüssel zum Schreibtisch habe, stießen die beiden SA-Männer die Antragstellerin zur Seite und brachen den Schreibtisch auf und nahmen Geschäftsbücher mit sich. Weder die Antragstellerin noch der Ehemann wagten Anzeige zu erstatten und der Ehemann verfiel sogar in eine Art Verfolgungswahn, daß er in eine Anstalt verbracht werden mußte.

(EF 5371)

WEIL, LUITPOLD

31.7.1909 - ?

Nachdem der Antragsteller die mittlere Reife an der Oberrealschule in Hamburg erlangt hatte, durchlief er eine Ausbildung als Elektromechaniker und bildete sich nach Ablegung der Gesellenprüfung an dem Technicum in Konstanz weiter. Im Jahr 1931 machte er sich als Elektroinstallateur in Sulzburg / Baden selbständig, mußte diese Erwerbstätigkeit aber im Jahr 1933 auf Grund der damaligen Zeitverhältnisse aufgeben. In der Folgezeit konnte er keine seiner Ausbildung entsprechende Anstellung finden, sondern mußte als Arbeiter in der Roßhaarspinnerei Offenburg arbeiten. Auch diese Arbeit mußte er aufgeben, weil er sie aus gesundheitlichen Gründen nicht durchhalten konnte. Er bemühte sich daher um die Einwanderungserlaubnis in die Vereinigten Staaten und erlangte dort erst 7 Jahre nach seiner Einwanderung wieder eine Stelle als Elektriker in einer Fabrik. Die Entlohnung entsprach aber nicht derjenigen, die er in Deutschland ohne die Verfolgung als selbständiger Elektroinstallateur erzielt hätte.

Nach Meinung des Antragstellers entwickelte sich die Schwerhörigkeit während seiner Ausweichtätigkeit als ungelernter Arbeiter in der Roßhaarspinnerei Stein in Offenburg im Jahr 1933. Seine Arbeit bestand darin, alte Matrazen mit einer Maschine, die einen Ventilator hatte, zu zerreissen und Pferdehaare in Bündeln von einem Dampfraum in einen Eiskeller zu tragen, was sehr schnell gehen mußte, so daß er keine Zeit hatte, etwas wärmeres anzuziehen. Durch den dauernden Luftzug war er dauernd erkältet und gab aus diesem Grund die Arbeit bei der Firma auf.

(EF 14746)

WEIL, STEFAN
17.12.1923

Ich bin der Sohn der jüdischen Eheleute Julius Weil und Bella, geb. Hofeler. Mein Vater war von Beruf Kaufmann und zwar war er Vertreter in der Textil- und Papierbranche. Unser letzter Wohnsitz in Deutschland war Offenburg, Wilhelmstraße 5. Ich bin der einzige Sohn meiner Eltern. Mein Vater ist im Lager Gurs ums Leben gekommen. Meine Mutter ist nach ihrer Entlassung aus dem Lager Gurs im Jahr 1946 nach Palästina ausgewandert und lebt mit mir im gemeinsamen Haushalt. Ich besuchte die Volksschule in Offenburg 8 Klassen, die ich 1938 beendete. Schon als Kind hatte ich für technische Arbeiten Interesse und hätte ich unter normalen Umständen nach Absolvierung einer Mittelschule eine technische Hochschule besucht, um Diplomingenieur zu werden. Nach Absolvierung der Volksschule hatte ich als Jude keinen Zugang mehr zu einer deutschen Mittelschule und so beschloß ich unter dem Zwang der Verhältnisse, zunächst praktische Elektrotechnik zu lernen und kam in die Lehre zur Firma Elektromotor R. Scheirmann und Co. in Offenburg. Wie aus beiliegendem Zeugnis hervorgeht, lernte ich bei dieser Firma bis zum 21.2.1939, zu welchem Zeitpunkt diese jüdische Firma arisiert wurde. Aus Vorstehendem erhellt, daß ich nach 1,5 jähriger Lehrzeit meine Ausbildung unterbrechen mußte, aber selbst wenn ich zu diesem Zeitpunkt die Lehre abgeschlossen hätte, wäre ich zur Gesellenprüfung als Jude auf keinen Fall mehr zugelassen worden. Aus diesen Gründen beschloß ich meine Auswanderung aus Deutschland und wanderte zunächst nach Frankreich aus, wo ich meine unterbrochene Ausbildung wieder aufnahm.

Nach der Besetzung der Stadt Paris durch die Deutschen mußte ich aus der Stadt flüchten und habe so zum 2. Male meine Ausbildung im Juni 1940 unterbrechen müßen. Normalerweise hätte ich noch 2 Jahrgänge an dieser Schule absolvieren sollen und hätte auf Grund dieser Ausbildung den Titel eines Diplomingenieurs erhalten.

Auf meiner Flucht aus Paris kam ich nach Südfrankreich, wo ich wohl als deutscher Jude Aufenthaltsbewilligung mit dem Recht auf Landarbeit, nicht aber Arbeitsbewilligung als industrieller Arbeiter hatte. Ich arbeitete daher als landwirtschaftlicher Arbeiter in Mauzens-Miremont (Dordogne) und wanderte illegal 1944 aus Frankreich über Spanien und von dort im Herbst 1944 illegal nach Palästina aus.

Ich mußte hier meinen Lebensunterhalt selbst verdienen und ging zunächst als Landarbeiter in die landwirtschaftliche Kollektivsiedlung nach Dagania und später nach Neve Ilan, wo ich zusammen 7 Jahre verbracht habe. 1951 verließ ich diese Siedlung und arbeitete seither in Beer Shewa bei Irrigationsarbeiten als Ingenieur, nicht aber als Diplomingenieur.

Ich habe in der Zeit, als ich im Kibbuz lebte, mein Studium selbst weiter betrieben, ohne aber hierüber an einer staatlichen Hochschule Prüfungen abzulegen. Im Jahre 1948 habe ich meine jetzige Frau Shoshana, geb. Felsenburg geheiratet. Wir haben ein Kind im Alter von 5 Jahren. (1955)

Ich, der Unterzeichnete Michel Dieras, Bürgermeister von Mauzens-Miremont, früher Leiter der Widerstandsbewegung (Netz Pelican), früher Parlamentsabgeordneter, Ritter der Ehrenlegion, bestätige hiermit, in der Periode der Nazibesetzung 1942-1944 den jungen Etienne (Stefan) Weil unter meinem Dach beherbergt zu haben, um ihn den Nachsuchungen und häufigen Aktionen der Gestapo zu entziehen. Gedeckt durch eine falsche Identität beschäftigte ich ihn in meiner Gegend mit verschiedenen landwirtschaftlichen Arbeiten, bei welchen er sich immer mit ständiger Gefälligkeit, viel Fleiß und Ausdauer zeigte. Durch seine Initiative und seinen Wunsch, sich nützlich zu machen, hat er mir und meiner Familie immer sein Anerkenntnis durch freundliche Aufmerksamkeit bewiesen. Ich bin glücklich, ihn während zweier Jahre im Schoß meines Hofes verborgen und also den ständigen Gefahren entzogen zu haben, die ihn bedrohten, und ich habe bei diesem jungen Menschen immer bewundert, mit welchem Mut und welcher Resignation er diesen ständigen Spannungszustand ertragen hat, während einer Periode ständiger Aufregung durch all die Aktionen und deutschen Grausamkeiten. (1966)

(EF 9116)

WEISSENBERGER, LINA
19.8.1888

(1952) Frau Weissenberger geb. Bodenheimer hatte lt. ihren Angaben zusammen mit ihrer Schwester Fanny und ihrem Bruder Franz Josef Bodenheimer in Offenburg, Ritterstr. 18 und 20 ein Wäschegeschäft. Im Zuge der damaligen Verfolgungsmaßnahmen gegen die Juden mußte das Geschäft im Jahr 1938 geschlossen werden. (...)

Bei ihrer Auswanderung im August 1938 hatte Frau Weissenberger 1 Couch, 1 Steppdecke, 1 Deckbett, 1 Kissen und 6 Bettücher mitgenommen. Diese Gegenstände gehörten aber nicht zu ihrer Wohnungseinrichtung, sondern waren von ihr im Hinblick auf die Auswanderung hin neu angeschafft worden. Von der Einrichtung hat Frau Weissenberger nur das Klavier verkaufen können und zwar zu einem Spottpreis von 250 Mark, während es einen Wert von rund 1000 Mark hatte. Dieser Verkauf ist als ausgesprochener Notverkauf anzusehen, weil sie das Geld noch dringend brauchte, um damit ihre Ausreise vollends finanzieren zu können. Da die Ausreise und die Kosten hierfür gleichermaßen als erzwungen anzusehen sind, bedeutet der Verkauf des Klaviers ebenfalls einen entschädigungsfähigen Verlust.

Alle übrigen Gegenstände hat Frau Weissenberger zurückgelassen, einmal, weil sie sie nicht mitnehmen durfte, zum andern, weil ihr Bruder einstweilen noch zurückblieb und sie mit einer entschädigungslosen Enteignung noch nicht rechnete. Außerdem hätte ein Verkauf auch nur zu Schleuderpreisen erfolgen können, was einem Totalverlust nahe gekommen wäre. Was in der Folgezeit hiermit geschehen ist, war nicht mehr feststellbar. Ihr Bruder ist in das KZ gekommen und ihre Sachen sind verloren gegangen. Die Verbindung mit ihrem Bruder Franz Bodenheimer war abgebrochen und sie hat infolgedessen nie erfahren können, was mit ihren Sachen in der Folgezeit geschehen ist. (EF 5457)

WERTHEIMER, HENRIETTE

GEB. KOCH, SH. JÜDISCHE STIMMEN I, 255

Offenburg, 9. 4. 1942

Sehr geehrter Herr Dr. Eisemann,
Heute komme ich spät vom Außendienst heim und will trotzdem noch diese Zeilen zur Post bringen. Leider muß ich Ihnen eine Hiobspost melden. Herr Jos. Greilsheimer von Friesenheim hat sich heute vormittag erhängt. Gestern nachmittag war ich dorten und packte den Leuten noch die Koffer, aber von Selbstmordabsichten merkte ich nichts bei ihm, er war stark herzleidend. Mein Mann und ich stehen den Leuten nach Kräften bei, es ist natürlich hart für die Frau, zumal sie nun allein abwandern muß. Es ist nur gut, daß die Mutter jetzt bei ihr ist.

Heute arbeitete ich von früh ab in Schmieheim, dort liegt der Fall besonders kompliziert, die alte Frau Grumbacher liegt an einer Art Grippe zu Bett, und nun mußte ich ihren ganzen Haushalt aufnehmen, der hier bei Spediteur Wussler untergestellt werden soll; wenn ich nur wüßte, wohin mit der alten Frau, ebenso mit der gelähmten Bella, und wie und auf welchem Weg ich die Kranken von Schmieheim fortbringen kann. Auf eine persönliche Anfrage dieserhalb bei Herrn Schrey bei der Gestapo bedeutete er mir, ich könnte sie doch evtl. mit dem Krankenwagen bis Kippenheim in den Zug bringen nach Mannheim, die Evakuierten werden mit Auto abgeholt, für die anderen müßten wir selber sorgen. Lieber Herr Doktor, ich habe noch schwere Aufgaben zu bewältigen. Nachdem mir heute das Telegramm vom Tod des Herrn Jos. Greilsheimer nach Schmieheim nachgeschickt wurde, fuhr ich noch abends von Kippenheim nach Friesenheim, mein Mann war schon dort, eine Kommission hatte schon alles aufgenommen, morgen kommt der Bezirksarzt, es ist alles so schrecklich traurig! Ich bin heute über 20 Kilometer zu Fuß gelaufen und bin todmüde.

Hoffentlich bekomme ich bald Bescheid von Ihnen wegen der Aufnahme meiner Kranken nach Mannheim. Ich weiß, Herr Doktor,

auch Sie haben schwere Sorgen und müssen ihren Kopf beisammen hal-
ten. Schließlich geht auch dies vorüber, wie alles im Leben. Kosmisches
Gesetz!

Mit freundlichen Grüßen
Frau Henny Wertheimer

Ich bitte noch um ein paar Sterne zum Aufnähen an die Kleider.

Offenburg, 19. 4. 1942
Sehr geehrter Herr Dr. Eisemann!

Am kommenden Mittwoch früh kann ich mir bei der hiesigen Gestapo
den Fahrerlaubnisschein holen für den Chauffeur, der mit mir nach
Schmieheim fährt, um die 3 Kranken dort abzuholen und hierher auf
den Zug 12.58 Uhr zu bringen. Zwei Sanitäter helfen mir beim
Transport der Leute ins Abteil.

Ich hoffe doch, daß mir die Bahnverwaltung gestattet, den
Schnellzug zu benützen, denn umsteigen kann ich mit den drei
Kranken nicht. Zur Zeit bin ich dieserhalb noch in Verhandlung. Die
Bahnverwaltung will erst die Genehmigung einer höheren Stelle oder
der Gestapo einholen.

An Herrn Hauser habe ich ebenfalls schon geschrieben, daß er mir
zum Zug 15.22 Uhr in Mannheim einen Krankenwagen schickt, oder
ein Auto mit 2 Sanitätern, letztere natürlich mit einer Tragbahre auf
den Perron. Ebenfalls an diesem Mittwoch holt mein Mann gegen
abend Frau Barth in Friesenheim ab und bringt sie ins Kahnhaus,
woselbst sie mit Genehmigung der Gestapo sich ein paar Tage auf-
halten darf, bis Sie verfügt haben, wohin sie kommt.

Der Amtsarzt von hier, Medizinalrat Dr. M.., hat mir bedeutet, daß
er Frau Dr. Wiegand vor einigen Tagen besucht und sein Gutachten der
Gestapo übergeben habe. Soviel ich aus seiner Rede entnahm, sei sie
transportfähig! Ich glaube, sie wird Schwierigkeiten machen!

Lieber Herr Doktor, bitte erinnern Sie in Mannheim daran, daß man mich dort nicht im Stich läßt und mich ja nicht mit meinen drei Kranken auf dem Perron sitzen läßt. Es ist, weiß Gott, keine Kleinigkeit, solche Leute aus ihrem Heim und ihrer gewohnten häuslichen Pflege herauszureißen, inmitten einer feindlichen Umwelt, die der alten Frau vorgestern Nacht mit einem Prügel die Läden aufbrach und die Fenster einschlug.

Ich glaube, wir werden alle froh sein, wenn diese Heimsuchung hinter uns liegt. Bitte benachrichtigen Sie mich, wenn etwas Besonderes kommt.

Mit freundlichen Grüßen
Frau Henny Wertheimer
(Sauer, Dokumente 2, 322-323)

Über die von Frau Wertheimer betreuten Alten: „Bella Sara Maier und Jakob Israel Maier, Listennummer 86 und 88, wurden mir von unserer Offenburger Vertrauensperson als körperlich und geistig gebrechlich geschildert. Diese beiden Personen und die 85jährige Babette Sara Grumbacher sind bisher von Thekla Sara Maier, Listennummer 89, gepflegt worden." (Eingabe des Leiters der Bezirksstelle Baden-Pfalz der Reichsvereinigung der Juden an die Gestapoleitstelle Karlsruhe vom 30. März 1942 betr. Abwanderung. In: Sauer, Dokumente 2, 320)

WERTHEIMER, JULIUS

„Julius Wertheimer kenn ich gut, denn ich war bei ihm als Pferdeknecht von 1929 bis Mitte 1935 beschäftigt. Im Jahr 1935 machte ich mich selbständig."

Lebenslauf: Der Unterzeichnete Julius Wertheimer ist 24.3.1885 als Sohn des Max Wertheimer und seiner Ehefrau Berta, geb. Erlebacher in Bretten geboren. Meine Eltern sind gestorben. Mein Großeltern väterlicherseits waren die Sardel Wertheimer, wohnhaft in Altdorf und dort auch gestorben. Meine Großeltern mütterlicherseits waren die Gabriel Erlebacher in Bretten, beide gestorben daselbst. Vom Jahr 1891 bis 1896 besuchte ich die Volksschule in Altdorf und von 1896 bis 99 das Gymnasium in Ettenheim und im Jahr 99 aus der Schule entlassen. Nach meiner Schulentlassung arbeitete ich bei meinem Vater im Geschäft (Pferdehandel). Militärdienst vom 3 Oktober 1905 bis 12.9.1908, Activ bei Dragoner Reg. Prinz Karl von Baden in Mühlhausen im Elsaß. Kriegsteilnahme vom 3. Mobilmachungstag bis 1918 Kriegsende. Verheiratet mit Bella Wertheimer, geb. Dreifuß, Kinder ein Sohn mit 14 Jahren.

Gestapo an Konzentrationslager Kislau, 21.9.1935: Der Obengenannte ist sofort aus der Schutzhaft zu entlassen.

Formblatt: Entlassung des Schutzhäftlings Julius Wertheimer. Ich verzichte, vom Arzt untersucht zu werden. Meine Effekten habe ich richtig erhalten: Julius Wertheimer.

Erklärung: Ich gebe hiermit die Erklärung ab, daß ich mich in der marxistischen wie überhaupt jeder staatsfeindlichen Bewegung nicht betätigen und mich dem neuen Staat gegenüber loyal verhalten werde: Kislau, den 21.9.1935, Julius Wertheimer
(EF 8958)

ZIVI, MOSES,

12.12.1855 - 21.6.1939

Moses Zivi lebte in guten Verhältnissen. Er hatte in Offenburg, Langestr. 56, eine gut eingerichtete Wohnung und besaß auch immer einen Personenkraftwagen. Bei ihm wohnte seine geschiedene und im Krieg verstorbene Tochter Frau Grumbacher. Zivi hatte auch dauernd eine Hausangestellte namens Selma Bürkel aus Willstätt, Kreis Kehl, die aber auch vor 2 Jahren gestorben ist.

Zivi soll als Reisevertreter für die Eisenhandelsfirma Fröhlich und Zivi in Mannheim tätig gewesen sein. Wie hoch sein Einkommen aus dieser Tätigkeit war, konnte von niemand angegeben werden.

Von den Auskunftspersonen wurde angegeben, daß Zivi in den Jahren 1930 bis zur Machtübernahme mit seinem PKW immer unterwegs war und vermutlich eine Reisetätigkeit ausgeübt hat. Über seine Berufstätigkeit nach 1933 konnten keine Anhaltspunkte ermittelt werden. Eine frühere Freundin der verstorbenen Hausgehilfin gab an, daß Moses Zivi mehrere Jahre vor seinem Tode krank und daher nicht mehr arbeitsfähig war.

Es konnte nicht festgestellt werden, ob Zivi nach der nationalsozialistischen Machtübernahme Boykottmaßnahmen ausgesetzt war. Als im Jahr 1938 die Offenburger Juden nach Dachau verbracht wurden, war Zivi nicht dabei, vermutlich deshalb nicht, weil er krank war.

Aus welchen Mitteln Zivi seinen Lebensunterhalt bestritt in der Zeit, als er nicht mehr berufstätig war, konnte nicht festgestellt werden. Wie beim Wohlfahrtsamt Offenburg festgestellt wurde, wurde Moses Zivi in Offenburg aus öffentlichen Mitteln nicht unterstützt.

(EF 12318)

Miniatur-Amboss,
Werbegeschenk der Eisenhandlung W. Fröhlich & Zivi, Mannheim.
Für diese Firma war Moses Zivi als Reisender tätig.

(11 x 4,5 cm, Museum im Ritterhaus Offenburg)

Sylvia Cohn,
GEB. OBERBRUNNER
OFFENBURG, 5.5.1904 – AUSCHWITZ 30.9.1942

Ahasver

Eine Schau in zehn Bildern

Ahasver, ein zerfurchter, steinalter, gebeugter Jude mit dem gehetzten
müden Blick der Verfolgten, in Lappen gehüllt, mit einem Bart und gro-
ßem Wanderstab, kommt auf die Bühne gewankt. Auf einem Stein,
rechts im Vordergrund, setzt er sich nieder, stützt das Haupt auf den
Arm und spricht:

Viel tausend Jahre bin ich alt,
und meine Sohlen brennen,
durch Wüsten, Meere, auf Asphalt,
Ich mußte jagen, rennen!
Wohin ich kam, in jedem Land
ist es mir gleich ergangen,
erst – bot man freundlich mir die Hand,
dann – nahm man mich gefangen!
Wohin ich ging, das selbe Leid,
erst hieß man mich willkommen,
man gab mir Wohnstatt, Brot und Kleid,
dann – hat man mir's genommen.
Dem Einen war ich zu gescheit,
dem Anderen zu tüchtig,
und viele platzten gar vor Neid,

doch – keinem war ich richtig.
Ja wohl! So manchem Fürsten schon
galt hoch des Juden Leben!
Er liebte mich wie die Zitron',
die ihm den Saft darf geben;
er ließ mich zeitenlang in Ruh,
mit Arbeit Geld erwerben,
dann molk er mich wie eine Kuh
und jagt mich ins Verderben:
Das war die Liebe, die ich fand
auf meinen steingen Wegen.
Mich brennen Augen, Kopf und Hand,
wohin darf ich mich legen?
Jahrtausende war dieser Stab
mein treuester Gefährte, - (nimmt ihn zur Hand)
Begleite mich noch bis ins Grab,
ins Bett der kühlen Erde!
Herrgott, nun lass zu Ende sein
der Wandrung ewig Grauen,
und nimm den greisen Wandrer heim,
lass ihn Dein Reich erschauen.
Denn, Gott, nach dieser Ewigkeit
sehn ich mich so nach Friede,
ich trag jahrtausendaltes Leid,
ich bin so müd, so müde!
(Ahasver schläft ein, die Hand auf den Stab gestützt.)

Bild

Ein durchsichtiger Schleiervorhang fällt, durch den hindurch alle
Vorgänge gut erkennbar sind. Drei halbnackte Männer schleppen
schwere Steine herbei. Sie keuchen unter der Last. Sie hämmern und

klopfen. Einer hält erschöpft inne. Der ägyptische Aufseher steht mit erhobener Peitsche da, im Begriff, den Erschöpften zu schlagen.

Dazu spricht hinter der Bühne der Sprecher
In schwerer Mühsal, in harter Fron
verschmachteten die Väter.
Die Peitsche war der Müden Lohn,
wo blieb, wo blieb der Retter?

        Das 1. Bild bleibt einige Minuten stehn, dann Vorhang

Bild
Mittelalterliches Stadtbild, Platz mit Brunnen. Trinkende Frau. Sie sinkt um, die Hand auf dem Herzen. Tote liegen auf der Erde. Zwei Juden im Kaftan gehen gebückt über den Weg. Drei Weiber mit entsetzten fanatischen Gesichtern und Gebärden zeigen auf sie.

Sprecher (hinter der Bühne)
Tausende von Menschen sterben!
Ernte hält der schwarze Tod!
Woher kommt ein solch Verderben?
Wer verschuldete die Not?
Mönche, Brüder, Flagellanten
Mit der Rede dunklem Sinn
Hetzten tollgewordne Banden
Auf das Volk der Juden hin.

                    Vorhang

Bild
Derselbe Platz. Aufgerichteter Scheiterhaufen. Volksmenge, erregt in Zeichen und Gebärden, in Erwartung des Schauspiels.

Sprecher
Seit des Mittelalters Tagen
hat man sie jeder Schuld geziehn,

jämmerlich ertönen Klagen,

grausam mordet man sie hin.

Wehevoll ertönen Schreie,

schauerlicher Klagen Chor,

Flammen prasseln, - täglich neue

lodern himmelhoch empor.

Scheiterhaufen sind geschichtet,

tausend in Verzweiflungsnot

werden täglich hingerichtet,

tausend suchen selbst den Tod!

Und der Pöbel jener Zeiten

jauchzt in frommer Raserei

und genießt des Schauspiels Freuden

das Gott wohlgefällig sei!

Vorhang

Bild

Ärmliche Stube. Hölzerne Stühle, ein Tisch. Alter würdiger Jude im
Kaftan, mit langem weißem Bart und Käppchen, über ein dickes Buch
gebeugt. Um ihn herum aufhorchende Schüler, die an seinem Munde
hängen.

Sprecher

Gott auf andre Art zu dienen

war der frommen Väter Art,

im Gebt sich zu entsühnen, wie im Leben, karg und hart.

Mocht der Pöbel haßvoll schreien,

hing das Leben nur am Haar,

Augen zu! Und laßt uns weihen

dem, der sein wird, ist – und war!

Totbereite, sich versenkend

in den Born der Heilgen Schrift, suchen, lernend, lehrend, schenkend,

klaglos sterbend, wen es trifft,
weben sie dem Geiste Fahnen,
hielten hoch der Torah Schild.
Ja,. Es waren unsre Ahnen
wie in Panzerschutz gehülllt!
Und trotz Haß und Hohn und Geifer
blieben sie der Lehre treu.
Hunger – schürte nur den Eifer,
Hunger – macht die Seelen frei!
Trunken wälzten sie ihr Leben
Folianten, Blatt um Blatt,
Gottes Nähe macht sie beben,
Gottes Lehre macht sie satt!

Vorhang

Bild

Ein prunkvoll gekleideter Fürst, den Mantel lässig um die Schultern
gelegt, reicht einem katzbuckelnden Juden eine Pergamentrolle. Der
Jude gibt dagegen dem Fürsten einen dicken Lederbeutel voll Gold.

Sprecher

Isaak, lächelt die Durchlaucht,
Ihr habt mir Gold gegeben,
rechnet auf mich, wenn Ihr's braucht,
schütz ich Euer Leben.

Bild

Ghettomauern, Hinter dem eisernen verschlossenen Tor, Judenkinder,
die mageren Arme in die eisernen Stangen verkrampft. Kinder mit
sehnsüchtigen Augen. Davor ein mittelalterlicher Söldner, mit hartem
Tritt auf- und abmarschierend.

Sprecher
Blauer Himmel, Sonnengold,
frühlingsbunte Wiesen,
wo die frohe Jugend tollt,
mit Reifen, Bogenschießen.
Ach, daß unsre Kinder nicht
jene Freuden kannten,
weil Gesetz und harte Pflicht
sie an die "Gasse" banden!

Bild
Neue Zeit. Auf einer Empore steht ein jugendlicher Mensch, seine
Augen leuchten, er hält in der Hand eine Rolle, die andere gestikulieren. Es horcht ein Haufen Arbeiter und Arbeiterinnen fasziniert zu ihm
auf.

Sprecher
Späte Freiheit traf die Herzen,
Sonnenlicht nach schwarzer Nacht,
aus des Knechttums bittern Schmerzen
sind zu grell sie aufgewacht.
Späte Freiheit, mißverstanden,
führte sie zu höchsten Höhn,
wer aus Ketten auferstanden, will auch die Brüder frei nur sehn!

Bild
Einige Studenten mit Mütze und Couleurband ziehen durch die
Straßen. Überelegant gekleidete Damen in Pelzmänteln,
Schosshündchen, gepudert und bemalt, sehen sich nach den jungen
Studenten um.

Sprecher

Herr Doktor hier, Herr Doktor da,

Herr Rechtsanwalt, Herr Kommissar,

mein Sohn, der Stadtbauarchitekt,

nein, was in dem doch Großes steckt!

Mein Sohn wird Lehrer! – Arzt, mein Sohn,

Notar der Meier, Richter der Cohn –

Es war ein Rausch, eine Raserei,

nun sind wir endlich, endlich frei,

nun steigen wir auf des Lebens Leiter

höher und höher, weiter und weiter.

Nicht Hochmut war's, nein, Sehnsucht der Alten,

den Kindern das Leben leicht zu gestalten.

Zu bitter war die Fron ihrem Rücken,

die Kinder sollte die Last nicht drücken!

Bild

Vor der Anschlagsäule mit den Nürnberger Gesetzen! Gruppen
erschrockener Juden rechts, erschrockener Jüdinnen links.

Sprecher

Und Menschen starren die Säule an,

es war ein Wahn, es war ein Wahn!

Sonne, Freiheit, Wissen, Licht!

Nur für die andern. Für uns nicht.

Der alte Fluch senkt sich herab,

Volk ohne Boden. Volk fürs Grab.

Bild

Landschaft in Erez Israel. Im Hintergrund braune Berge. Challuzizim
bei der Arbeit des Orangenpflückens. Sie singen das Emeklied. Ahasver
erwacht, sieht sich erstaunt um und spricht:

Ahasver

Was ist dies für ein neuer Geist,

der richtungsgebend hier sich weist?

Ist dies noch Traum? Ist's schon die Tat,

die aus dem Traum ins Leben trat?

Was ist dies für ein neu Geschlecht,

das, sehen meine Augen recht,

mit Stolz den harten Spaten führt,

und Frohsinn bei der Arbeit spürt?

Die Augen leuchten, ... es klingt ein Lied,

trotz harter Arbeit, ein heiter Gemüt,

gebräunte Gesichter, die Körper gestrafft,

dies hat nur ein heiliges Wunder geschafft!

Dass dies meine alten Augen noch schaun,

ein Volk und ein Land, um es aufzubaun,

die alte Heimat, des Herzens Braut,

die Landschaft, so seltsam der Seele vertraut,

mein Gott, wie war der Weg so weit,

längst fiel zu Staub mein Wanderkleid,

mein Gott, wie war der Weg so schwer,

wie schrie ich oft: ich – kann – nicht – mehr!

Mein Gott, wie war der Weg so heiß,

nun darf ich ruhen, weil ich weiß,

die treue Mutter, das Heilige Land,

nimmt ihren müden Sohn zur Hand,

und schenkt ihm, was ihm Keiner gab:

in eigener Erde ein friedliches Grab.

Mein Gott, hab Dank! –

Ahasver sinkt um und stirbt, ein Lächeln auf den Lippen. Der Gesang
der Challuzzim schwillt an. Sie singen die Techessaknah.

Vorhang

Eva Mendelsson, Tochter von Sylvia Cohn, London, Januar 2002:

"Techesakna ist ein Lied, dass am Schluss von den meisten Aufführungen gesungen wurde. Die Wörter des Liedes übersetzt auf Englisch sind: May the hands of our brothers be strong who cherish the earth of our land wherever they may be, may your spirit not fall, be happy singing come all together to the help of the nation."

(Mögen die Hände unserer Brüder starkl sein, die die Erde unseres Landes pflegen, wo auch immer sie sein mögen, Möge Eure Gesinnung nicht nachlassen, seid fröhlich und singt, kommt alle herbei, um unserem Land zu helfen)

LITERATUR ZUR GESCHICHTE DER OFFENBURGER JUDEN

Flügler, Ursula (Hg.): Jüdischer Friedhof Offenburg. Gedichte. Literaturkurs 1986/87. Okengymnasium Offenburg 1987.

Germania Judaica. Bd.II: Von 1238 bis zur Mitte des 14. Jahrhunderts. Hg.v.Zvi Avneri. Tübingen 1968

Hundsnurscher,Franz-Taddey, Gerhard: Die jüdischen Gemeinden in Baden-Württemberg. Stuttgart 1988

Kähni, Otto: Geschichte der Offenburger Judengemeinde. In: Die Ortenau 49 (1969), 80 - 114

Lewin, Adolf: Geschichte der badischen Juden seit der Regierung Karl Friedrichs (1738-1909). Karlsruhe 1909

Möschle, S.: Das Schicksal der jüdischen Bevölkerung Offenburgs in der Zeit des Nationalsozialismus. Zulassungsarbeit für das Lehramt. Universität Freiburg, 1977

Rosenthal, Berthold: Heimatgeschichte der badischen Juden seit ihrem geschichtlichen Auftreten bis zur Gegenwart. Bühl 1927 (Nachdruck Magstadt 1981)

Ruch, Martin: „Ich bitte noch um ein paar Sterne" – Jüdische Stimmen aus Offenburg, Bd. 2. Offenburg 2002

Ders.: Der Offenburger Künstler Oscar Haberer (1867 – 1932): "Prototyp des Besten, das in der jüdischen Seele lebt...". In: Die Ortenau 82 (2002)

Ders.: Der „Salmen". Geschichte der Offenburger Synagoge. Offenburg 2002

Ders.: Quellen zur Geschichte der Offenburger Juden im 17. Jahrhundert. Elektronische Publikation, Universitätsbibliothek Freiburg (Freidok), 2001

Ders.: Quellen zur Geschichte der Offenburger Juden im 19. / 20. Jahrhundert (in Vorbereitung)

Ders.: Bilder von der Deportation der badisch-pfälzischen Juden nach Gurs. In: Die Ortenau 80 (2000), 253-260

Ders.: Der letzte Offenburger Rabbi. In memoriam Bernhard Gries (1917-1938). In: Die Ortenau 80 (2000), 261-268

Ders.: Der gute Ort. Jüdischer Friedhof Offenburg, Gräberdokumentation (mit Samuel Dzialoszynski). Offenburg 2000

Ders.: Jüdisches Offenburg. Ein Rundgang. Haigerloch 1999

Ders.: Aus der Heimat verjagt. Zur Geschichte der Familie Neu. Jüdische Schicksale aus Offenburg und Südbaden. Konstanz 1998

Ders.: In ständigem Einsatz. Das Leben Siegfried Schnurmanns. Jüdische Schicksale aus Offenburg und Südbaden. Konstanz 1997

Ders.: Judaica des Museums im Ritterhaus, Offenburg. Katalog. Offenburg 1997

Ders.: Verfolgung und Widerstand in Offenburg 1933 - 1945. Offenburg 1995

Ders.: Jüdische Stimmen aus Offenburg. Interviews, autobiographische Zeugnisse, schriftliche Quellen zur Geschichte der Offenburger Juden in der Zeit von 1933-1945. Anhang: Gedenkbuch. Offenburg 1995

Ders.: Familie Cohn. Tagebücher, Briefe, Gedichte einer jüdischen Familie aus Offenburg. Offenburg 1992

Ders.: Tanzsaal, Revolutionslokal, Synagoge, Lagerhalle. Die Geschichte des „Salmen" in Offenburg. In: Die Ortenau 67 (1987), 371-389

Sauer, Paul: Dokumente über die Verfolgung der jüdischen Bürger in Baden-Württemberg durch das nationalsozialistische Regime 1933 – 1945. Stuttgart 1966

Sauer, Paul: Die Schicksale der jüdischen Bürger Baden-Württembergs während der nationalsozialistischen Verfolgungszeit 1933-1945. Stuttgart 1968

Schellinger, Uwe: Fszinosum, Filou und Forschungsobjekt: Das erstaunliche Leben des Hellsehers Ludwig Kahn aus Offenburg (1873 - ca. 1966). In: Die Ortenau 82 (2002)

Schwanke, Irmgard: Ein ungleiches Kräfteverhältnis. Juden und Christen im Offenburg des 17. Jahrhunderts. In: Beiträge zur Landeskunde von Baden-Württemberg 4 (2001), 11-16

Stein, Peter: Ein Schiddusch - eine jüdische Ehevermittlung in Offenburg 1878. In: Die Ortenau 82 (2002)

Walter, Kasimir: Das Judenbad in Offenburg. Offenburg o. J.

JAKOB-ADLER-ZENTRUM OFFENBURG

Jakob Adler (29. Oktober 1867 – 27. Dezember 1938) war der erste von etwa 100 Offenburger Jüdinnen und Juden, die von den Nationalsozialisten ermordet wurden.

In Erinnerung an diese Menschen arbeitet seit 1998 das Jakob Adler Zentrum: Vorträge und Publikationen, Führungen und virtuelles Archiv *www.jakob-adler-zentrum-offenburg.de* zur Geschichte der Offenburger Juden.

Adresse:
Jakob Adler Zentrum Offenburg
Hauptstr. 92, 77652 Offenburg,
Tel. 0781/9 70 86 88
Mail: kulturagentur@t-online.de